KB127078

히라가나·가타카나 쓰기노트 +메뉴판

1판 3쇄 2023년 3월 1일

저   자 Mr. Sun 어학연구소
펴 낸 곳 OLD STAIRS
출판 등록 2008년 1월 10일 제313-2010-284호
이 메 일 oldstairs@daum.net

가격은 뒷면 표지 참조
ISBN 978-89-97221-70-7

주먹밥
おにぎり
오니기리

말이
まき
마키

うまい~

참치
まぐろ
마구로

롤 장음
ロ─ル
로─루

계란
たまご
타마고

おいしい~!

히라가나
가타카나
쓰기노트

① ②

がんばれ~!

ひらがな

③

감성돔
くろだい
쿠로다이

おみずください

참치롤 장음
マグロロ─ル
마구로로─루

ちゅうもん

소고기
ぎゅうにく
규니쿠

새우
えび
에비

カタカナ

+메뉴판

연어
サーモン
사─몽
밥침

わさび
와사비

もくじ
contents

히라가나, 가타카나
기본기 다지기
··· 5p

히라가나, 가타카나
외우기
·· 14p

히라가나, 가타카나
읽기 연습
··· 54p

히라가나, 가타카나
쓰기 연습
··· 78p

히라가나, 가타카나로
단어 외우기
··· 94p

골목식당
메뉴판 읽기
··· 108p

기본기 다지기

3가지 글자의 일본어

일본어에는 3종류의 글자가 있습니다. 일본에서 만들어진
히라가나 平仮名 / ひらがな, 가타카나 片仮名 / かたかな 와
중국에서 넘어온 한자입니다.
히라가나와 가타카나는
한자에서 모양을 따 만든 글자이기 때문에
가짜 글자라는 뜻으로 카나 仮名 라는 이름이 붙었지요.
그리고 한자는 진짜 글자라는 의미로 마나 真名 라고 불렀습니다.
이 3종류 글자를 어떻게 사용하는지 알아볼까요?

にほんご	ニホンゴ	日本語
히라가나	가타카나	한자

한자와 히라가나는 일반적으로 모든 글에 사용됩니다.
가타카나로는 외래어·외국어, 외국의 지명, 인명을 표기합니다.

私 は コーヒー を 飲 む 。
와타시 와 코-히- 오 노 무

나는 커피를 마신다.
와타시와

실제 일본에서는 한자를 주로 사용합니다.
하지만, 이 책은 히라가나와 가타카나의 연습이 주목적이므로,
일부러 한자를 빼고 히라가나와 가타카나로 표기했습니다.

苺 ⟨ イチゴ
딸기 ⟨ いちご
이치고

海老 ⟨ エビ
새우 ⟨ えび
에비

이외에, 일본에서도 한자가 있는데도 히라가나나 가타카나로 쓰는 단어도 있습니다.
한자가 어렵거나, 잘 쓰지 않는 단어인 경우입니다.
위의 딸기나 새우가 대표적 예입니다.

히라가나 50음도

あ아	い이	う우	え에	お오
아하~!	이빨	우산	에어로빅	오리

か카	き키	く쿠	け케	こ코
카메라	키	쿠크다스	케이크	코브라

さ사	し시	す스	せ세	そ소
사케	시계	스프링	세계	소바

た타	ち치	つ츠	て테	と토
타	치어리더	부츠	테이블	토끼

な나	に니	ぬ누	ね네	の노
나무	주머니	누들	네꼬	노!

は 하 　　ひ 히 　　ふ 후 　　へ 헤 　　ほ 호
하품 　　히히 　　후~ 　　헤헤 　　호랑이

ま 마 　　み 미 　　む 무 　　め 메 　　も 모
마라톤 　　미끼 　　무술 　　음메~ 　　모발

や 야 　　ゆ 유 　　よ 요
야구 　　유도 　　요가

ら 라 　　リ 리 　　る 루 　　れ 레 　　ろ 로
라마 　　리본 　　루비 　　레코드 　　로스트

わ 와 　　を 오 　　ん 응
와악 　　오르막 　　응가

7

ア 아	イ 이	ウ 우	エ 에	オ 오
아이스크림	이젤	우롱차	엘리베이터	오른발
カ 카	キ 키	ク 쿠	ケ 케	コ 코
카펫	키타	쿠크다스	케이	코드
サ 사	シ 시	ス 스	セ 세	ソ 소
사슴	시-익	스케이팅	세면대	소시지
タ 타	チ 치	ツ 츠	テ 테	ト 토
타잔	꼬치	부츠	테이블	토막
ナ 나	ニ 니	ヌ 누	ネ 네	ノ 노
날다	니트	누더기	넥타이	노

ハ 하	ヒ 히	フ 후	ヘ 헤	ホ 호
하이파이브!	히터	후드	헤헤	호박
マ 마	ミ 미	ム 무	メ 메	モ 모
마커	말미잘	무리수	메리 크리스마스	모발
ヤ 야		ユ 유		ヨ 요
야쿠르트		유리		요정
ラ 라	リ 리	ル 루	レ 레	ロ 로
라이터	리본	캥거루	레몬	로봇
ワ 와			ヲ 오	ン 응
와인			오리	응

기본기 다지기

청음, 탁음, 반탁음

우리말을 보면, 글자에 따라서 발음이 예사소리나 된소리, 거센소리로 나뉩니다. 일본어 역시 글자의 모양에 따라 청음, 탁음, 반탁음 등으로 발음을 구분합니다.

1 청음 보통의 글자

ひ 청음을 보겠습니다.
히라가나 50음도에 있는 글자네요.
50음도에 있는 보통의 글자를 청음이라고 합니다.

2 탁음 탁한 소리

ㅋ	ㅅ	ㅌ	ㅎ
か카 행	さ사 행	た타 행	は하 행

탁음은 음절의 첫소리가 위 4개의 행에 해당하는 청음으로만 만들 수 있습니다.

ㅋ か카행 ↓ ㄱ が가행	か카	き키	く쿠 →	け케	こ코
	が가	ぎ기	ぐ구	げ게	ご고
ㅅ さ사행 ↓ ㅈ ざ자행	さ사	し시	す스 →	せ세	そ소
	ざ자	じ지	ず즈	ぜ제	ぞ조
ㅌ た타행 ↓ ㄷ だ다행	た타	ち지	つ츠 →	て테	と토
	だ다	ぢ지	づ즈	で데	ど도
ㅎ は하행 ↓ ㅂ ば바행	は하	ひ히	ふ후 →	へ헤	ほ호
	ば바	び비	ぶ부	べ베	ぼ보

주의

탁음을 보겠습니다.

자세히 보니 **ひ**히 오른쪽 위에 점 2개가 붙어 있네요.

저 점은 탁점 혹은 텐텐이라고 부릅니다. 텐은 '점'이라는 뜻이죠.

이렇게 탁점이 찍힌 음을 '탁음'이라고 부릅니다.

탁음은 '탁한 소리'라는 뜻인데, 실제로 탁하다기보다

청음보다 성대를 더 많이 사용합니다.

이때, 주의할 점은 **だ**다 행의 발음입니다.

た타 행의 글자 중 'ㅌ' 소리가 나지 않는 **ち**치 와 **つ**츠 는 탁음으로 변화할 때도

'ㄷ'이 아닌 'ㅈ'으로 변합니다.

따라서 **だ**다 행의 **ぢ**지 와 **づ**즈 는 **ざ**자 행의 **じ**지 와 **ず**즈 와 같은 발음이 되어버립니다.

이 중에서 주로 쓰는 것은 **ざ**자 행의 **じ**지 와 **ず**즈 입니다.

だ다 행의 **ぢ**지 와 **づ**즈 는 몇몇 경우를 제외하곤 잘 사용하지 않는 글자입니다.

3 반탁음 청음과 탁음 사이

> 글자에 동그라미가 붙으면 반탁음이구나!

ㅎ → ㅍ	は 하	ひ 히	ふ 후	へ 헤	ほ 호
			↓		
	ぱ 파	ぴ 피	ぷ 푸	ぺ 페	ぽ 포

 반탁음을 보겠습니다.

글자 오른쪽 위에 동그라미가 덧붙여져 있습니다.

이 동그라미를 반탁점 혹은 **丸**마루 라고 합니다.

丸마루 는 '동그라미'라는 뜻입니다.

청음에 반탁점을 붙이면 반탁음이 됩니다.

반탁음은 청음과 탁음의 중간에 있는 음으로, 반만 탁한 소리라는 뜻입니다.

오직 **は**하 행만 반탁음으로 만들 수 있습니다. 반탁점이 붙으면 **は**하 는 **ぱ**파 가 되죠.

1 청음 옆에 붙는 **요음**

ひや

여기에서 **ひ**히 옆에 작게 붙은 것은 50음도의 **や**야입니다. 두 글자처럼 보이지만 하나의 글자로 취급합니다. **や**야를 청음의 절반 정도의 크기로 작게 만든 다음, 마치 탁점처럼 청음 옆에 붙인 것입니다. **や**야 뿐만 아니라 **ゆ**유, **よ**요 역시 이런 방식으로 줄여서 사용할 수 있습니다. 이렇게 만들어진 글자를 요음이라고 부릅니다.

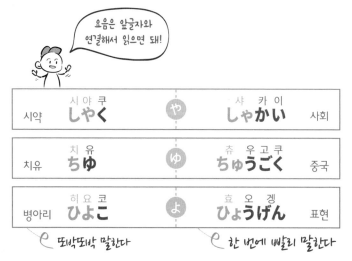

요음은 앞글자와 연결해서 읽으면 돼!

시약	시 야 쿠 **しやく**	や	샤 카 이 **しゃかい**	사회
치유	치 유 **ちゆ**	ゆ	츄 우 고 쿠 **ちゅうごく**	중국
병아리	히 요 코 **ひよこ**	よ	효 오 겡 **ひょうげん**	표현

똑박똑박 말한다   한 번에 빨리 말한다

요음은 '굽은 소리'라는 뜻입니다.
위의 표를 보면 청음과 요음의 차이를 쉽게 알 수 있습니다.

왼쪽은 그냥 두 글자를 나열한 것입니다. 반면 오른쪽은 요음을 사용했습니다.
결국 요음은 작게 쓰고 한 번에 읽는다라고 정리할 수 있습니다.
요음은 오직 **い**이단에만 붙일 수 있습니다.

2 일본어의 받침

받침 ─→ っ 촉음
      ─→ ん 발음

일본어에서 받침 역할을 하는 글자는 っ촉음 과 ん발음, 2개뿐입니다.

그러나 っ촉음 과 ん발음 은 발음이 한 가지로 고정된 것이 아니고,
뒤에 어떤 글자가 오는지에 따라 발음이 여러 가지로 변합니다.

촉음 っ

일본어의 촉음은
우리말의 받침과 같군!

| ㄷ 받침 | 이 ㄷ 토 오 いっとう | ㄱ 받침 | 이 ㄱ 카 いっか | ㅅ 받침 | 이 ㅅ 쇼 오 いっしょう | ㅂ 받침 | 이 ㅂ 파 이 いっぱい |

っ촉음은 ㄷ·ㄱ·ㅅ·ㅂ, 이렇게 4가지 발음을 가지고 있지만,
촉음을 발음하기란 그렇게 어려운 일이 아닙니다.
바로 뒤에 나오는 자음의 발음이 촉음으로 옮겨가는 것이기 때문입니다.

발음 ん

ㅇ 받침 / 케 ㅇ 카 けんか / ん+☼ / ん+あ·か·が·わ행

ㅁ 받침 / 시 ㅁ 파 이 しんぱい / ん+ま행 / ん+ば·ぱ행

ㄴ 받침 / 지 ㄴ 세 에 じんせい / ん+기타

っ촉음 은 뒷글자의 발음이 그대로 앞으로 전달되기 때문에 매우 쉬웠습니다.
하지만 ん발음 은 더 살펴봐야 합니다.
뒷글자의 영향을 받기는 하지만, 뒷글자를 그대로 따라가는 것은 아니기 때문입니다.

히라가나, 가타카나 외우기 1

음식으로 외우는 히라가나
음식으로 외우는 가타카나
일본어 숫자 읽기

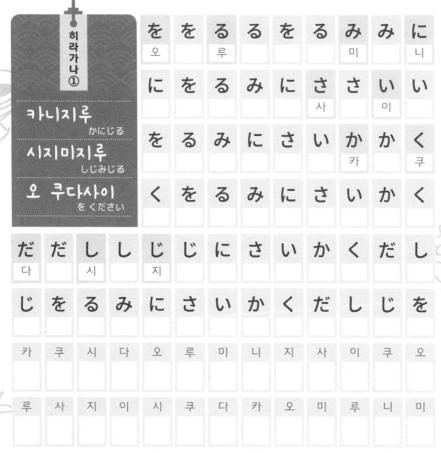

히라가나 ①

카니지루
かにじる

시지미지루
しじみじる

오 쿠다사이
をください

を	を	る	る	を	る	み	み	に
오		루				미		니

に	を	る	み	に	さ	さ	い	い
					사		이	

を	る	み	に	さ	い	か	か	く
						카		쿠

く	を	る	み	に	さ	い	か	く

だ	だ	し	し	じ	じ	に	さ	い	か	く	だ	し
다		시		지								

じ	を	る	み	に	さ	い	か	く	だ	し	じ	を

카	쿠	시	다	오	루	미	니	지	사	이	쿠	오

루	사	지	이	시	쿠	다	카	오	미	루	니	미

1

카니 지루
└ 게 ┘ └ 국 ┘

2

시지미지루
└ 바지락 ┘ └ 국 ┘

3

오 쿠다사이
└ ~을 ┘ └ 주세요 ┘

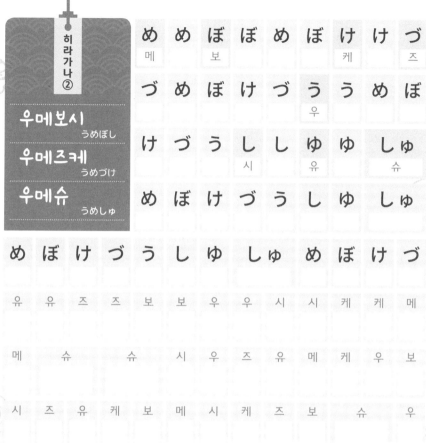

め	め	ぼ	ぼ	め	ぼ	け	け	づ
메		보				케		즈
づ	め	ぼ	け	づ	う	う	め	ぼ
					우			
け	づ	う	し	し	ゆ	ゆ	しゅ
			시		유		슈
め	ぼ	け	づ	う	し	ゆ	しゅ

め	ぼ	け	づ	う	し	ゆ	しゅ	め	ぼ	け	づ

유	유	즈	즈	보	보	우	우	시	시	케	케	메
메		슈		슈		시	우	즈	유	메	케	우	보
시	즈	유	케	보	메	시	케	즈	보		슈		우

1 우메 보시
└ 매실 ┘└ 말림 ┘

2 우메 즈케
└ 매실 ┘└ 절임 ┘

3 우메 슈
└ 매실 ┘└ 술 ┘

카케소바
かけそば

츠케소바
つけそば

에비소바
えびそば

け	け	え	え	け	え	そ	そ	び
케		에				소		비

び	け	え	そ	び	つ	つ	ば	ば
						츠		바

け	え	そ	び	つ	ば	か	か	け
						카		

え	そ	び	つ	ば	か	け	え	そ

び	つ	ば	か	け	え	そ	び	つ	ば	か	け	え

츠	츠	비	비	소	소	에	에	케	케	바	바	카

카	에	케	바	츠	비	소	카	에	츠	비	카	바

케	소	츠	카	소	바	에	비	케	소	바	츠	비

1

카케 소바
└ 뿌림 ┘└ 메밀국수 ┘

2

츠케 소바
└ 묻힘 ┘└ 메밀국수 ┘

3

에비 소바
└ 새우 ┘└ 메밀국수 ┘

지금까지 배운 히라가나

✏️ 아래 빈칸에 지금까지 배운 히라가나를 채워 넣어 봅시다.

아	이	우	에	오
あ	い			お

카	키	쿠	케	코
	き			こ

사	시	스	세	소
		す	せ	

타	치	츠	테	토
た	ち		て	と

나	니	누	네	노
な		ぬ	ね	の

하	히	후	헤	호
は	ひ	ふ	へ	ほ

마	미	무	메	모
ま		む		も

야		유		요
や		ゆ		よ

라	리	루	레	로
ら	り		れ	ろ

와				오
わ				

응
ん

렝콩무시
れんこんむし

무시타마고
むしたまご

れ	れ	む	む	れ	む	た	た	し
레		무					타	시

し	れ	む	た	し	ま	ま	こ	こ
					마		코	

れ	む	た	し	ま	こ	ご	ご	ん
						고		°

ん	れ	む	た	し	ま	こ	ご	ん	れ	む	た	し

ま	こ	ご	ん	れ	む	た	し	ま	こ	ご	ん	れ

무	레	레	고	타	시	레	마	°	무	코	고	레

코	마	시	무	°	타	고	코	시	타	레	무	마

°	타	레	고	코	마	고	무	타	코	레	시	°

1

렝콩 무시
└ 연근 ┘└ 찜 ┘

2

무시타마고
└ 찜 ┘└ 달걀 ┘

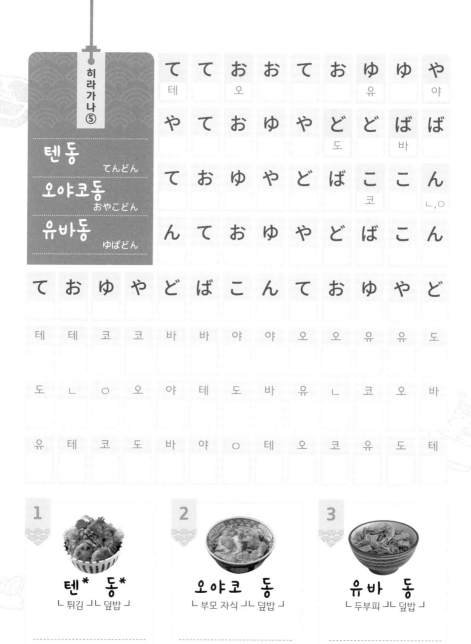

히라가나 ⑤

텐동
てんどん

오야코동
おやこどん

유바동
ゆばどん

て	て	お	お	て	お	ゆ	ゆ	や
테		오				유		야
や	て	お	ゆ	や	ど	ど	ば	ば
					도		바	
て	お	ゆ	や	ど	ば	こ	こ	ん
						코		ㄴ,ㅇ
ん	て	お	ゆ	や	ど	ば	こ	ん

て	お	ゆ	や	ど	ば	こ	ん	て	お	ゆ	や	ど

테	테	코	코	바	바	야	야	오	오	유	유	도
도	ㄴ	ㅇ	오	야	테	도	바	유	ㄴ	코	오	바
유	테	코	도	바	야	ㅇ	테	오	코	유	도	테

1

텐* 동*
┗튀김┛┗덮밥┛

2

오야코 동
┗부모 자식┛┗덮밥┛

3

유바 동
┗두부피┛┗덮밥┛

* '텐'은 '튀김'이라는 뜻의 '템푸라'의 약자입니다. / * '동'은 '덮밥'이라는 뜻의 '돈부리'의 약자입니다.

히라가나 ⑥

타코야키 たこやき
오코노미야키 おこのみやき
스키야키 すきやき

お	お	の	の	お	の	み	み	す
오		노				미		스

す	お	の	み	す	た	た	や	や
					타		야	

お	の	み	す	た	や	こ	こ	き
						코		키

き	お	の	み	す	た	や	こ	き

お	の	み	す	た	や	こ	き	お	の	み	す	た

코	코	타	타	야	야	스	스	키	키	미	미	노
노	오	오	스	미	코	타	야	노	코	키	스	오
미	야	키	타	코	노	미	오	키	미	노	타	야

1

타코 야키
ㄴ 문어 ㅓ ㄴ 구이 ㅓ

2

오코노미야키
ㄴ 기호 ㅓ   ㄴ 구이 ㅓ

3

스키* 야키
ㄴ 저미다 ㅓ ㄴ 구이 ㅓ

* 얇게 저민 고기를 넣어 먹는 요리라서 '얇게 깎다, 얇게 벗기다'라는 뜻의 동사인 '스쿠'가 변형되어 이름에 붙었습니다.

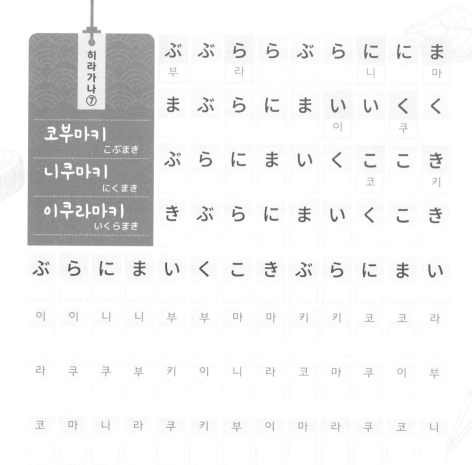

히라가나 ⑦

코부마키
こぶまき

니쿠마키
にくまき

이쿠라마키
いくらまき

ぶ	ぶ	ら	ら	ぶ	ら	に	に	ま
부		라				니		마

ま	ぶ	ら	に	ま	い	い	く	く
					이		쿠	

ぶ	ら	に	ま	い	く	こ	こ	き
						코		키

き	ぶ	ら	に	ま	い	く	こ	き

ぶ	ら	に	ま	い	く	こ	き	ぶ	ら	に	ま	い

이	이	니	니	부	부	마	마	키	키	코	코	라
라	쿠	쿠	부	키	이	니	라	코	마	쿠	이	부
코	마	니	라	쿠	키	부	이	마	라	쿠	코	니

1
코부* 마키
└ 다시마 ┘└ 말이 ┘

2
니쿠 마키
└ 고기 ┘└ 말이 ┘

3
이쿠라마키
└ 연어알 ┘└ 말이 ┘

* 실제 일본에서는 '코부' 보다 '콤부'라고 말합니다.

지금까지 배운 히라가나

✏️ 아래 빈칸에 지금까지 배운 히라가나를 채워 넣어 봅시다.

아	이	우	에	오
あ		う	え	
카	**키**	**쿠**	**케**	**코**
か		く	け	
사	**시**	**스**	**세**	**소**
さ	し		せ	そ
타	**치**	**츠**	**테**	**토**
	ち	つ		と
나	**니**	**누**	**네**	**노**
な	に	ぬ	ね	
하	**히**	**후**	**헤**	**호**
は	ひ		へ	ほ
마	**미**	**무**	**메**	**모**
	み		め	も
야		**유**		**요**
				よ
라	**리**	**루**	**레**	**로**
	り	る		ろ
와				**오**
わ				を
응				

히라가나 ⑧

마메모치 まめもち
요모기모치 よもぎもち
셈베에 せんべい

よ	よ	せ	せ	よ	せ	め	め	も
요		세				메		모

も	よ	せ	め	も	ち	ち	べ	べ
					치		베	

よ	せ	め	も	ち	べ	い	い	ま
						이		마

ま	よ	せ	め	も	ち	べ	い	ま

ぎ	ぎ	ん	ん	め	も	ち	べ	い	ま	ぎ	ん	よ
기		ㅁ										

마	마	이	이	베	베	치	치	기	기	ㅁ	ㅁ	모

모	메	메	요	요	세	세	베	마	치	기	메	요

ㅁ	세	모	베	치	마	요	메	ㅁ	이	모	세	치

1

마메모치
└콩┘ └떡┘

2

요모기모치
└쑥┘ └떡┘

3

셈베에*
└전병┘

* 일본어에서는 'ㅔ' 발음 뒤에 '이(い)'가 오면 'ㅔ이'가 아니라 'ㅔ~'라고 길게 발음합니다.

25

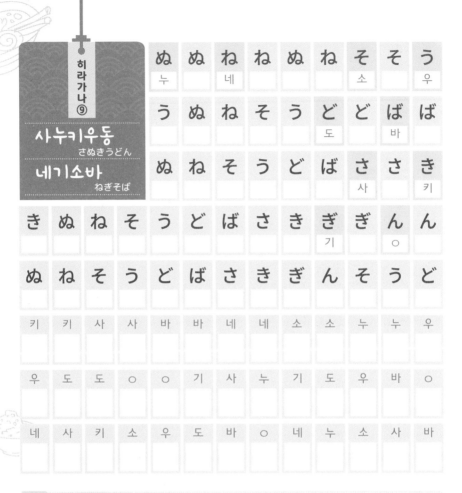

히라가나 ⑨

사누키우동
さぬきうどん

네기소바
ねぎそば

ぬ	ぬ	ね	ね	ぬ	ね	そ	そ	う
누		네				소		우

う	ぬ	ね	そ	う	ど	ど	ば	ば
					도		바	

ぬ	ね	そ	う	ど	ば	さ	さ	き
						사		키

き	ぬ	ね	そ	う	ど	ば	さ	き	ぎ	ぎ	ん	ん
									기		○	

ぬ	ね	そ	う	ど	ば	さ	き	ぎ	ん	そ	う	ど

키	키	사	사	바	바	네	네	소	소	누	누	우

우	도	도	○	○	기	사	누	기	도	우	바	○

네	사	키	소	우	도	바	○	네	누	소	사	바

1

사누키 우동
ㄴ사누키(지명)ㅓㄴ우동ㅓ

2

네기 소바
ㄴ파ㅓㄴ메밀국수ㅓ

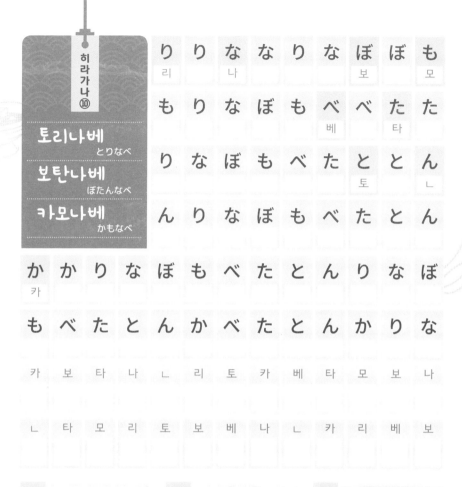

히라가나 ⑩

토리나베 とりなべ
보탄나베 ぼたんなべ
카모나베 かもなべ

り り な な り な ぼ ぼ も
리　　나　　　리　　보　　모

も り な ぼ も べ べ た た
　　　　　　　　베　　　타

り な ぼ も べ た と と ん
　　　　　　　　　토　　ㄴ

ん り な ぼ も べ た と ん

か か り な ぼ も べ た と ん り な ぼ
카

も べ た と ん か べ た と ん か り な

카 보 타 나 ㄴ 리 토 카 베 타 모 보 나

ㄴ 타 모 리 토 보 베 나 ㄴ 카 리 베 보

1
토리* 나베
└ 새 ┘ └ 냄비 ┘

2
보탄　나베
└ 멧돼지 고기 ┘└ 냄비 ┘

3
카모 나베
└ 오리 ┘└ 냄비 ┘

---

* '토리'는 본래 '새'라는 뜻의 단어지만, 음식에서 쓰일 때는 주로 '닭'을 의미합니다.

あ	あ	ろ	ろ	あ	ろ	わ	わ	び
아		로				와		비
び	あ	ろ	わ	び	え	え	な	な
					에		나	
あ	ろ	わ	び	え	な	す	す	ま
						스		마
ま	あ	ろ	わ	び	え	な	す	ま

さ	さ	く	く	あ	ろ	わ	び	え	な	す	ま	さ
사		쿠										
く	ご	ご	ろ	わ	び	え	な	す	ま	さ	く	ご
	고											
사	쿠	비	와	로	에	스	나	마	아	고	비	와
에	스	나	아	고	마	비	로	사	쿠	에	나	로

히라가나 ⑪

와사비아에
わさびあえ

쿠로고마아에
くろごまあえ

나스아에
なすあえ

1

와사비아에
└ 와사비 ┘└ 무침 ┘

2

쿠로고마아에
└ 검은깨 ┘└ 무침 ┘

3

나스 아에
└ 가지 ┘└ 무침 ┘

지금까지 배운 히라가나

✏️ 아래 빈칸에 지금까지 배운 히라가나를 채워 넣어 봅시다.

아	이	우	에	오
	い	う	え	お

카	키	쿠	케	코
か	き	く	け	こ

사	시	스	세	소
さ	し	す		そ

타	치	츠	테	토
た		つ	て	

나	니	누	네	노
	に			の

하	히	후	헤	호
		ふ		

마	미	무	메	모
ま	み	む	め	

야		유		요
や		ゆ		

라	리	루	레	로
ら		る	れ	

와				오
				を

응
ん

히라가나 ⑫

노리템푸라 のりてんぷら
치쿠와템푸라 ちくわてんぷら
이카템푸라 いかてんぷら

の	の	り	り	の	り	て	て	ぷ
노		리				테		푸

ぷ	の	り	て	ぷ	ら	ら	ち	ち
					라		치	

の	り	て	ぷ	ら	ち	わ	わ	い
						와		이

い	の	り	て	ぷ	ら	ち	わ	い

ん	ん	く	く	の	り	て	ぷ	ら	ち	わ	い	ん
ㅁ		쿠										

く	か	か	り	て	ぷ	ら	ち	わ	い	ん	く	か
	카											

노	라	이	카	푸	리	테	와	쿠	치	ㅁ	라	푸

리	이	테	치	와	ㅁ	노	푸	리	라	카	와	치

1

노리 템푸라
ㄴ김ㅓ ㄴ튀김ㅓ

2

치쿠와 템푸라
ㄴ 대롱 어묵 ㅓㄴ 튀김 ㅓ

3

이카 템푸라
ㄴ 오징어 ㅓㄴ 튀김 ㅓ

30

히라가나 ⑬

통카츠벤토오
とんかつべんとう

사바벤토오
さばべんとう

야키니쿠벤토오
やきにくべんとう

つ　つ　べ　べ　つ　べ　う　う　や
　츠　　　베　　　　　　　우　　　야

や　つ　べ　う　や　に　に　と　と
　　　　　　　　　니　　　토

つ　へ　う　や　に　と　さ　さ　ば
　　　　　　　　　　　사　　　바

ば　つ　べ　う　や　に　と　さ　ば

ん　ん　か　か　つ　べ　う　や　に　と　さ　ば　ん
ㅇ,ㄴ　　카

か　き　き　く　く　に　と　さ　ば　ん　か　き　く
　　키　　쿠

야　니　바　키　베　우　사　토　츠　카　ㄴ　쿠　야

토　사　베　츠　바　키　ㅇ　쿠　키　니　토　우　베

1 통카츠 벤토오*
└ 돈가스 ┘└ 도시락 ┘

2 사바 벤토오
└ 고등어 ┘└ 도시락 ┘

3 야키니쿠 벤토오
└ 불고기 ┘　└ 도시락 ┘

---

* 일본어에서는 'ㅗ' 발음 뒤에 '우(う)'가 오면 'ㅗ우'가 아니라 'ㅗ~'라고 길게 발음합니다.

지금까지 배운 히라가나

✏️ 아래 빈칸에 지금까지 배운 히라가나를 채워 넣어 봅시다.

아	이	우	에	오
카	키	쿠	케	코
사	시	스	세	소
타	치	츠	테	토
나	니	누	네	노
하	히	후	헤	호
마	미	무	메	모
야		유		요
라	리	루	레	로
와				오
응				

가타카나 ①

아메리카노
アメリカノ

카훼오레
カフェオレ

카훼모카
カフェモカ

ア	ア	メ	メ	ア	メ	ノ	ノ	オ
아		메				노		오

オ	ア	メ	ノ	オ	モ	モ	リ	リ
					모		리	

ア	メ	ノ	オ	モ	リ	レ	レ	カ
						레		카

カ	ア	メ	ノ	オ	モ	リ	レ	カ

フ	フ	エ	エ	フェ	ア	メ	ノ	オ	モ	リ	レ
후		에		훼							

カ	フ	エ	フェ	ア	メ	ノ	オ	モ	リ	レ	エ

메 리 노 레 후 모 오 훼 카 아 에 노

오 후 메 훼 아 노 오 리 모 메 레 에

1 아메리카노*
ㄴ 아메리카노 ㄴ

2 카훼오레
ㄴ 카페오레 ㄴ

3 카훼모카
ㄴ 카페모카 ㄴ

* 실제 일본에서는 '아메리카노' 보다 '아메리캉'이라고 말합니다.

가
타
카
나
②

카니챠-항
カニチャーハン

에비챠-항
エビチャーハン

에비마요챠-항
エビマヨチャーハン

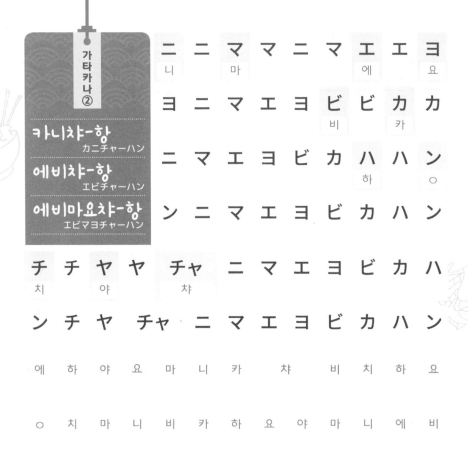

1
카니챠-항
└ 게 ┘ └ 볶음밥 ┘

2
에비챠-항
└ 새우 ┘ └ 볶음밥 ┘

3
에비마요 챠-항
└ 새우마요네즈 ┘ └ 볶음밥 ┘

가타카나 ③

우이스키ー
ウイスキー

웍카
ウォツカ

비ー루
ビール

| ス | ス | ウ | ウ | オ | オ | ウォ | ス |
| 스 | | 우 | | 오 | | 워 | |

| ウ | オ | ウォ | ツ | ツ | ウォッ | ス |
| | | | 츠 | | 워 | |

| ウ | オ | ウォ | ツ | ウォッ | ビ | ビ |
| | | | | | 비 | |

| イ | イ | ス | ウ | オ | ウォッ | ビ | イ |
| 이 | | | | | | | |

| キ | キ | カ | カ | ス | ウォ | ツ | ビ | イ | キ | カ | ル |
| 키 | | 카 | | | | | | | | | 루 |

| ル | ス | ウ | オ | ツ | ウォッ | ビ | イ | キ | カ | ル | キ |

| 츠 | 우 | 이 | 카 | 루 | 비 | 키 | 워 | 스 | 오 | 이 | 카 |

| 루 | 스 | 키 | 비 | 츠 | 우 | 카 | 오 | 루 | 스 | 비 | 키 | 츠 |

1 우이스키ー
ㄴ위스키ㄴ

2 웍카
ㄴ보드카ㄴ

3 비ー루
ㄴ맥주ㄴ

지금까지 배운 가타카나

✎ 아래 빈칸에 지금까지 배운 가타카나를 채워 넣어 봅시다.

아	이 イ	우 ウ	에	오
카	키 キ	쿠 ク	케 ケ	코 コ
사 サ	시 シ	스 ス	세 セ	소 ソ
타 タ	치 チ	츠	테 テ	토 ト
나 ナ	니	누 ヌ	네 ネ	노
하 ハ	히	후 フ	헤 ヘ	호 ホ
마	미 ミ	무 ム	메	모
야		유 ユ		요 ヨ
라 ラ	리	루	레 レ	로 ロ
와 ワ				오 ヲ
응 ン				

가타카나 ④

레모네-도 レモネード
라이무소-다 ライムソーダ
바나나소-다 バナナソーダ

ソ	ソ	モ	モ	ソ	モ	ネ	ネ	ム
소		모				네		무

ム	ソ	モ	ネ	ム	レ	レ	ナ	ナ
					레		나	

ソ	モ	ネ	ム	レ	ナ	ド	ド	ラ
						도		라

ラ ソ モ ネ ム レ ナ ド ラ

イ イ ダ ダ ソ モ ネ ム レ ナ ド ラ イ
이 　 다

ダ バ バ モ ネ ム レ ナ ド ラ イ ダ バ
　 바

소 레 모 나 네 무 도 라 비 이 다 모 나

네 무 도 소 이 바 다 레 나 모 이 네 바

1
레모네-도
└ 레모네이드 ┘

2
라이무소-다
└ 라임 ┘ └ 소다 ┘

3
바나나소-다
└ 바나나 ┘ └ 소다 ┘

가타카나⑤

이치고파루훼
イチゴパルフェ

후루-츠타루토
フルーツタルト

왓후루
ワッフル

イ イ チ チ イ チ ワ ワ ツ
이 치 와 츠

ツ ワッ イ チ ワ ツ ワッ
왓

ゴ ゴ パ パ イ チ ワ ツ ゴ
고 파

パ ル ル フ フ イ チ ワッ
루 후

ゴ パ ル フ エ エ タ タ イ チ ワ ツ ゴ
에 타

パ ル フ エ タ ト ト イ チ ワッ ゴ パ
토

ル フ エ タ ト イ チ ワ ツ ル エ タ ト

치 와 고 루 츠 후 토 에 이 파 타 왓

1

이치고파루훼*
└ 딸기 ┘ └ 파르페 ┘

2

후루-츠타루토
└ 과일 ┘ └ 타르트 ┘

3

왓후루
└ 와플 ┘

* 실제 일본에서는 '파루훼' 보다 '파훼'라고 말합니다.

챠-슈-라-멩
チャーシューラーメン

네기라-멩
ネギラーメン

교-자
ギョーザ

ネ	ネ	メ	メ	ネ	メ	シ	シ	ユ
네		메				시		유

ユ	シュ	ネ	メ	シ	ユ	シュ
	슈					

ザ	ザ	ン	ン	ネ	メ	シ	ユ	ザ
자		○						

ン	チ	チ	ヤ	ヤ	ネ	メ	シ	ユ
	치		야					

ザ ン チ ヤ ラ ラ ネ メ シュ ザ ン ギ
라 기

ギ ヨ ヨ ギョ チ ヤ ラ ギ ヨ ギョ ネ
요 교

メ シ ユ ザ ン チ ヤ ギ ヨ ネ メ シ ラ

네 시 자 유 야 라 치 기 요 메 ○ 유 네

1
챠-슈-라-멩
└차슈┘ └라면┘

2
네기라-멩
└파┘ └라면┘

3
교-자
└교자┘

지금까지 배운 가타카나

✏️ 아래 빈칸에 지금까지 배운 가타카나를 채워 넣어 봅시다.

아	이	우	에	오
ア		ウ	エ	オ
카	키	쿠	케	코
カ		ク	ケ	コ
사	시	스	세	소
		ス	セ	
타	치	츠	테	토
		ツ	テ	
나	니	누	네	노
	ニ	ヌ		ノ
하	히	후	헤	호
ハ	ヒ		ヘ	ホ
마	미	무	메	모
マ	ミ		メ	モ
야		유		요
ヤ				ヨ
라	리	루	레	로
	リ	ル		ロ
와				오
				ヲ
응				
ン				

40

가타카나 ⑦

비-후카레-
ビーフカレー

윈나-카레-
ウインナーカレー

코록케카레-
コロッケカレー

ウ	ウ	イ	イ	ウィ	ウ	イ	ン
우		이		위			ㄴ

ン	ウィ	レ	レ	ケ	ケ	ウ	イ
		레		케			

ン	レ	ケ	ロ	ロ	ツ	ツ	ロッ
			로		츠		록

ウ イ ン レ ケ ロ ツ ナ ナ
나

ビ ビ ウィ ン レ ケ ロッ ナ ビ フ フ
비　　　　　　　　　　후

カ カ レ ケ ロッ ナ ビ フ カ コ コ レ
카　　　　　　　　　　코

ケ ロ ツ ナ ビ フ カ コ ウ イ ン レ コ

카 레 이 츠 로 나 케 비 후 코 우 록

1
비-후카레-
ㄴ소고기ㅣ ㄴ 카레ㅣ

2
윈나- 카레-
ㄴ비엔나 소시지ㅣ ㄴ 카레ㅣ

3
코록케카레-
ㄴ크로켓ㅣ ㄴ 카레ㅣ

가타카나 ⑧

쇼-토케-키
ショートケーキ

쵸코케-키
チョコケーキ

티라미스
ティラミス

ミ	ミ	ケ	ケ	ミ	ケ	チ	チ	シ
미		케					치	시
シ	ミ	ケ	チ	シ	ヨ	ヨ	チョ	
					요		초	
ショ	ミ	ケ	チ	シ	ヨ	テ	テ	
쇼							테	
イ	イ	ティ	ミ	ケ	チ	ショ		
이		티						

ティ イ ラ ラ ス ス ミ ケ チョ シ ティ
　　　라　　스

ラ ス ト キ キ ミ ケ チ シ ヨ ティ
　　토　키

ラ ス ト キ コ コ ミ ケ チョ ショ ラ
　　　　코

ス ティ ト キ コ ミ ケ ラ ス ト キ コ

1 쇼-토케-키
ㄴ 쇼트 ㄴㄴ 케이크 ㄴ

2 쵸코 케-키
ㄴ 초콜릿 ㄴㄴ 케이크 ㄴ

3 티라미스
ㄴ 티라미수 ㄴ

카루보나ー라
カルボナーラ

페페론치ー노
ペペロンチーノ

와잉
ワイン

ペ	ペ	ロ	ロ	ペ	ロ	ノ	ノ	ワ
페		로				노		와
ワ	ペ	ロ	ノ	ワ	ボ	ボ	ナ	ナ
					보		나	
ペ	ロ	ノ	ワ	ボ	ナ	カ	カ	ル
						카		루
ル	ペ	ロ	ノ	ワ	ボ	ナ	カ	ル
ラ	ラ	ン	ン	ペ	ロ	ノ	ワ	ボ	ナ	チ	チ	イ
라		ㄴ,ㅇ								치		이
イ	カ	ル	ラ	ン	ペ	ロ	ノ	ワ	ボ	ナ	チ	イ

| 카 | 루 | 나 | ㅇ | 치 | 라 | 로 | 페 | 노 | 와 | 보 | 루 | 이 |
| 라 | 페 | 노 | 보 | 카 | 로 | 나 | 와 | 치 | 이 | 페 | 노 | ㄴ |

1

카루보나ー라
└ 카르보나라 ┘

2

페페론치ー노
└ 페페론치노 ┘

3

와잉
└ 와인 ┘

함바-구스테-키
ハンバーグステーキ

세사미사라다
セサミサラダ

코-온스-푸
コーンスプ

セ 세	セ	グ 구	グ	セ	グ	ミ 미	ミ	サ 사
サ	セ	グ	ミ	サ	ス 스	ス	テ 테	テ
セ	グ	ミ	サ	ス	テ	ハ 하	ハ	バ 바
バ	ン ㅁ,ㄴ	セ	グ	ミ	サ	ス	テ	ハ
バ	ン	ラ 라	ラ	ダ 다	ダ	グ	ミ	サ	ス	テ	ハ	バ
ン	キ 키	キ	コ 코	コ	ス	テ	ハ	バ	ラ	ダ	キ	コ
プ 푸	プ	ス	テ	ハ	バ	ラ	ダ	キ	コ	プ	セ	グ

ㅁ,ㄴ 스 미 라 키 테 사 하 구 세 다 푸 코

1

함바-구스테-키
ㄴ햄버그ㅣ ㄴ스테이크ㅣ

2

세사미 사라다
ㄴ참깨ㅣ ㄴ샐러드ㅣ

3

코-온 스-푸
ㄴ옥수수ㅣ ㄴ수프ㅣ

치-즈바-가-
チーズバーガー

테리야키바-가-
テリヤキバーガー

후라이도포테토
フライドポテト

ポ	ポ	リ	リ	ポ	リ	ズ	ズ	ヤ
포		리				즈		야
ヤ	ポ	リ	ズ	ヤ	チ	チ	ガ	ガ
					치		가	
ポ	リ	ズ	ヤ	チ	ガ	キ	キ	フ
						키		후
フ	ポ	リ	ズ	ヤ	チ	ガ	キ	フ

ラ	ラ	イ	イ	チ	ガ	キ	フ	ラ	イ	ト	ト	ド
라		이								토		도
ド	キ	フ	ラ	イ	ト	ド	ラ	イ	ド	テ	テ	バ
										테		바
バ	ズ	ヤ	チ	ガ	キ	フ	ラ	イ	ト	ド	テ	バ

리	이	즈	키	후	토	야	포	치	라	후	테	바

1

치-즈바-가-
└ 치즈 ┘ └ 버거 ┘

2

테리야키바-가-
└ 데리야키 ┘ └ 버거 ┘

3

후라이도 포테토
└ 튀김 ┘ └ 감자 ┘

지금까지 배운 가타카나

아래 빈칸에 지금까지 배운 가타카나를 채워 넣어 봅시다.

아 ア	이 イ	우	에 エ	오 オ
카 カ	키 キ	쿠	케	코
사 サ	시 シ	스	세	소 ソ
타 タ	치 チ	츠 ツ	테	토 ト
나 ナ	니 ニ	누 ヌ	네 ネ	노 ノ
하	히 ヒ	후 フ	헤	호
마 マ	미	무 ム	메 メ	모 モ
야 ヤ		유 ユ		요
라 ラ	리 リ	루 ル	레 レ	로
와 ワ				오 ヲ
응				

가타카나 ⑫

베-콩피자 ベーコンピザ
포테토피자 ポテトピザ
마루게리-타 マルゲリータ

ベ ベ マ マ ベ マ ザ ザ ゲ
베　　마　　　　　자　게

ゲ ベ マ ザ ゲ リ リ ポ ポ
　　　　　　　리　　　포

ベ マ ザ ゲ リ ポ テ テ ピ
　　　　　　　　테　　피

ピ ベ マ ザ ゲ リ ポ テ ピ

コ コ ン ン ベ マ ザ ゲ リ ポ テ ピ コ
코　　○

ン ト ト ル ル ベ マ ザ ゲ リ ポ タ タ
　토　　루　　　　　　　　　타

テ ピ コ ン ト ル タ ベ マ ザ ゲ リ ポ
테　피　　게　　베　포　피　코　루　토　타　자　○　리

1

베-콩 피자
ㄴ 베이컨 ㅣㄴ 피자 ㅣ

2
포테토피자
ㄴ 감자 ㅣ ㄴ 피자 ㅣ

3
마루게리-타
ㄴ 마르게리타 ㅣ

가타카나 ⑬

캅푸누-도루
カップヌードル

아오하타쟈무
アヲハタジャム

ヌ	ヌ	ヲ	ヲ	ヌ	ヲ	ア	ア	ム
누		오				아		무

ム	ヌ	ヲ	ア	ム	ジ	ジ	ヤ	ヤ
					지		야	

ジャ	ヌ	ヲ	ア	ム	ジ	ヤ	カ
쟈							카

カ	ツ	ツ	カッ	ヌ	ヲ	ア	ム	ジ	ジャ	カ
	츠		캅							

ツ	プ	プ	ド	ド	ヌ	ヲ	ア	ム	ジ	ヤ	ル	ル
	푸		도								루	

ハ	ハ	カッ	プ	ド	ル	ハ	タ	タ	ヌ	ヲ	ア
하							타				

ム	ジ	ヤ	カ	ツ	プ	ド	ル	ハ	タ	ヌ	ヲ	ア

오 무 루 츠 푸 야 하 누 아 지 카 타 도

1

캅푸누-도루
ㄴ컵ㅓ ㄴ누들ㅓ

2

아오하타 쟈무
ㄴ아오하타(회사명)ㅓㄴ잼ㅓ

48

지금까지 배운 가타카나

✏️ 아래 빈칸에 지금까지 배운 가타카나를 채워 넣어 봅시다.

아	이	우	에	오
카	키	쿠	케	코
사	시	스	세	소
타	치	츠	테	토
나	니	누	네	노
하	히	후	헤	호
마	미	무	메	모
야		유		요
라	리	루	레	로
와				오
응				

일본어 숫자를 배울 때는 보통 기수와 서수 2가지를 배웁니다.
'기수'와 '서수'라는 단어가 낯설게 느껴질 수 있지만,
우리말에서도 종종 사용하는 개념이니 어려울 것은 없습니다.
먼저 기수란 '일, 이, 삼......'과 같은 기본적인 숫자를 말합니다.
그리고 서수는 '첫 번째, 두 번째, 세 번째......'와 같은
순서를 나타내는 말로 '하나, 둘, 셋'과 같은 개념입니다.
일본어의 서수는 1부터 10까지만 사용하는 것이 일반적입니다.

숫자 4(し 시)와 숫자 7(しち 시치)의 발음은
'죽음'을 뜻하는 死 시, '사지'를 뜻하는 死地 시치와 발음이 같아서
し 시 대신 よん 용으로, しち 시치 대신 なな 나나 라고
읽는 경우가 많아!

기수

1	2	3	4	5	6	7	8	9	10
いち	に	さん	し	ご	ろく	しち	はち	きゅう	じゅう
이치	니	상	시	고	로쿠	시치	하치	큐우	쥬우

100	1,000	10,000	100,000	1,000,000
ひゃく	せん	まん	じゅう まん	ひゃく まん
햐쿠	셍	망	쥬우망	햐쿠망

서수 표현은 10까지만!
11부터는 기수와 같아!

서수

1	2	3	4	5	6	7	8	9	10
ひとつ	ふたつ	みっつ	よっつ	いつつ	むっつ	ななつ	やっつ	ここのつ	とお
히토츠	후타츠	밋츠	욧츠	이츠츠	뭇츠	나나츠	얏츠	코코노츠	토오

1 기수를 활용한 표현

앞에서 배운 숫자를 활용해 이번에는 사물의 개수를 세어보겠습니다.
個코 는 '한 개, 두 개, 세 개'에서 개에 해당하는 표현입니다.

한 개	두 개	세 개	네 개	다섯 개
いっこ	にこ	さんこ	よんこ	ごこ
一個	二個	三個	四個	五個
익코	니코	상코	용코	고코

여섯 개	일곱 개	여덟 개	아홉 개	열 개
ろっこ	ななこ	はっこ	きゅうこ	じゅっこ
六個	七個	八個	九個	十個
록코	나나코	학코	큐우코	쥭코

2 서수를 활용한 표현

사물의 개수를 셀 때 사용할 수 있는 표현이 한 가지 더 있습니다.
바로 '하나, 둘, 셋'과 같은 표현으로 우리가 "사과 한 개 주세요."라는 말을
"사과 하나 주세요."라는 말로 바꿔 쓸 수 있는 것과 같은 개념입니다.

하나 / 한 개	둘 / 두 개	셋 / 세 개	넷 / 네 개	다섯 / 다섯 개
ひとつ	ふたつ	みっつ	よっつ	いつつ
一つ	二つ	三つ	四つ	五つ
히토츠	후타츠	밋츠	욧츠	이츠츠

여섯 / 여섯 개	일곱 / 일곱 개	여덟 / 여덟 개	아홉 / 아홉 개	열 / 열 개
むっつ	ななつ	やっつ	ここのつ	とう
六つ	七つ	八つ	九つ	十
뭇츠	나나츠	얏츠	코코노츠	토오

つ츠 는 숫자 자체를 의미하며, 개라는 뜻도 있어서,
서수 표현을 그대로 사용해서 사물의 개수를 셀 수 있습니다.

열한 개	열두 개	열세 개	열네 개	열다섯 개
じゅういっこ	じゅうにこ	じゅうさんこ	じゅうよんこ	じゅうごこ
十一個	十二個	十三個	十四個	十五個
쥬우익코	쥬우니코	쥬우상코	쥬우용코	쥬우고코

12가지 주요 단위

さら
皿
사라

접시·재떨이

一皿 히토사라	한 접시
二皿 후타사라	두 접시
三皿 산사라	세 접시

ほん
本
홍

병·바나나·연필 등

一本 입퐁	한 병
二本 니홍	두 병
三本 산홍	세 병

かん
缶
캉

음식물이 든 깡통

一缶 이치캉	한 캔
二缶 니캉	두 캔
三缶 상캉	세 캔

はい
杯
하이

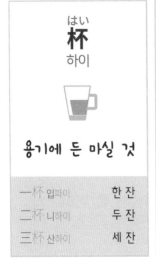

용기에 든 마실 것

一杯 입파이	한 잔
二杯 니하이	두 잔
三杯 산하이	세 잔

ぜん
膳
젱

공기밥·젓가락 한 쌍

一膳 이치젱	한 공기
二膳 니젱	두 공기
三膳 산젱	세 공기

にん
人
닝

사람

一人 히토리	한 명
二人 후타리	두 명
三人 산닝	세 명

歳
さい
사이

나이

一歳 잇사이	한 살
二歳 니사이	두 살
三歳 산사이	세 살

番
ばん
방

1 3 5

순서·등급·횟수 등

一番 이치방	첫 번
二番 니방	두 번
三番 삼방	세 번

時間
じかん
지캉

24

시간

一時間 이치지캉	한 시간
二時間 니지캉	두 시간
三時間 산지캉	세 시간

回
かい
카이

횟수

一回 익카이	1회
二回 니카이	2회
三回 상카이	3회

枚
まい
마이

종이·손수건·접시 등

一枚 이치마이	한 장
二枚 니마이	두 장
三枚 삼마이	세 장

階
かい
카이

건물의 층

一階 익카이	1층
二階 니카이	2층
三階 상가이	3층

レッスン②

히라가나, 가타카나 읽기 연습

가상 메뉴판 읽기 연습
실제 메뉴판 읽기 연습
실전 문장 연습

メニュー

どんぶり・べんとう・うどん

どんぶり 덮밥

🔢 ぎゅうどん
소고기덮밥

¥800

🔢 ウナギどん
장어 덮밥

¥1000

🔢 カツどん
돈가스 덮밥

¥750

🔢 てんどん
튀김 덮밥

¥900

🔢 うにどん
성게 덮밥

¥2000

🔢 かいせんどん
해산물 덮밥

¥1700

🔢 イクラどん
연어 알 덮밥

¥1800

🔢 ねぎとろどん
네기도로 덮밥

¥1500

🔢 サーモンどん
연어 덮밥

¥1000

1 규우	동	소	덮밥	2 우나기	동	장어	덮밥	3 카츠	동	돈가스	덮밥
4 텐	동	튀김	덮밥	5 우니	동	성게	덮밥	6 카이센	동	해산물	덮밥
7 이쿠라	동	연어 알	덮밥	8 네기토로*	동	네기도로	덮밥	9 사-몬	동	연어	덮밥

* 네기토로는 참치의 배나 껍질의 밑에 있는 살을 굵은 부분입니다. 덮밥이나 초밥의 재료로 쓰입니다.

べんとう 도시락

10 さしみべんとう
생선회 도시락

￥1000

11 すしべんとう
초밥 도시락

￥1000

12 ウナギべんとう
장어 도시락

￥900

13 さばべんとう
고등어 도시락

￥800

うどん 우동

14 きつねうどん
유부 우동

￥650

15 まぜうどん
비빔 우동

￥700

16 カレーうどん
카레 우동

￥700

17 てんぷらうどん
튀김 우동

￥750

18 からいうどん
매운 우동

￥700

19 ちからもちうどん
떡 우동

￥700

---

10 사시미 벤토오 생선회 도시락	11 스시 벤토오 초밥 도시락	12 우나기 벤토오 장어 도시락
13 사바 벤토오 고등어 도시락	14 키츠네 우동 유부 우동	15 마제 우동 비빔 우동
16 카레- 우동 카레 우동	17 템푸라 우동 튀김 우동	18 카라이 우동 맵다 우동
19 치카라* 모치* 우동 힘 떡 우동		

* 치카라모치는 '먹으면 힘이 나는 떡'이라는 뜻으로, '치카라'는 '힘', '모치'는 '떡'이라는 의미입니다.

SUSHI MENU

1 サーモン
연어
200円

2 ひらめ
광어
200円

3 サーモンハラス
연어 뱃살
400円

4 すずき
농어
200円

5 えび
새우
200円

6 たい
도미
300円

7 たこ
문어
200円

8 まぐろ
참치
400円

9 くろだい
감성돔
400円

1 사-몽 연어	**2** 히라메 광어	**3** 사-몬|하라스 연어|뱃살
4 스즈키 농어	**5** 에비 새우	**6** 타이 도미
7 타코 문어	**8** 마구로 참치	**9** 쿠로다이 감성돔

⑩ たまご
계란

200円

⑪ あなご
붕장어

200円

⑫ いくら
ぐんかんまき
연어 알 군함

600円

⑬ おおとろ
ぐんかんまき
참치 뱃살 군함

600円

⑭ すしもりあわせ 모둠초밥

・たこ 문어
・たまご 계란
・すずき 농어
・サーモン 연어
・たい 도미

1500円

⑮ とくじょう
すしもりあわせ 특상모둠초밥

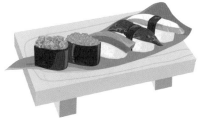

・くろだい 감성돔
・あなご 장어
・まぐろ 참치
・いくらぐんかんまき 연어 알 군함
・おどろぐんかんまき 참치 뱃살 군함

2000円

---

⑩ 타마고 계란
⑫ 이쿠라 | 궁캄마키 연어 알 | 군함 말이
⑭ 스시 | 모리아와세 초밥 | 모둠

⑪ 아나고 붕장어
⑬ 오오토로 | 궁캄마키 참치 뱃살 | 군함 말이
⑮ 토쿠죠오 | 스시 | 모리아와세 특상 | 초밥 | 모둠

和食 Izakaya Menu

❶ あげもの 튀김 요리

[오스스메] : 추천

❷ てんぷらのもりあわせ
모둠 튀김

1400円

❸ カキフライ
굴튀김
1300円

❹ コロッケ
크로켓
900円

❺ とりのからあげ
치킨가라아게
1000円

❻ えびてん 새우튀김 ·· 1500円

❼ いかてんぷら 오징어 튀김 ····························· 1500円

❽ やさいのてんぷら 야채튀김 ························· 1300円

❾ にもの 조림요리

❿ にくじゃが
소고기 감자조림
1000円

⓫ さばのみそに
고등어 된장 조림
700円

⓬ かくに
삼겹살 장조림
800円

---

❶ 아게 │ 모노 튀김 │ 것	❷ 템푸라 │ 노 │ 모리아와세 튀김 │의 │ 모둠	❸ 카키 │ 후라이 굴 │ 튀김
❹ 코록케 크로켓	❺ 토리 │ 노 │ 카라아게 새(닭) │의 │ 튀김	❻ 에비 │ 텡 새우 │ 튀김
❼ 이카 │ 템푸라 오징어 튀김	❽ 야사이 │ 노 │ 템푸라 야채 │의 │ 튀김	❾ 니모노 조림
❿ 니쿠 │ 쟈가 고기 │ 감자	⓫ 사바 │ 노 │ 미소 │ 니 고등어 │의 │ 된장 │ 조림	⓬ 카쿠* │ 니 각진 것 │ 조림

*카쿠니는 돼지고기를 각지게 잘라서 졸이는 요리라서 '각진 것'이라는 뜻의 '카쿠'가 이름에 붙었습니다.

⓭ やきもの 구이요리

おすすめ

おすすめ

⓮ やきとり 닭꼬치구이
900円

⓯ おこのみやき オコノミヤキ
1000円

⓰ シシャモやき
시샤모 구이
800円

⓱ サーモンステーキ
연어 스테이크
800円

⓲ たこやき
타코야키
600円

⓳ なべもの 냄비 요리

㉑ もつなべ
모츠나베
1400円

⓴ しゃぶしゃぶ
샤부샤부
1500円

㉒ なべやきうどん
냄비우동
800円

㉓ とりなべ 닭고기 전골 ·· 1000円

㉔ おでん 어묵탕 ··· 800円

⓭ 야키 | 모노 구이 | 것	⓮ 야키 | 토리 구이 | 새(닭)	⓯ 오코노미 | 야키 기호 | 구이
⓰ 시샤모 | 야키 열빙어 | 구이	⓱ 사-몬 | 스테-키 연어 | 스테이크	⓲ 타코 | 야키 문어 | 구이
⓳ 나베 | 모노 냄비 | 것	⓴ 샤부샤부 사부사부	㉑ 모츠 | 나베 내장 | 냄비
㉒ 나베 | 야키 | 우동 냄비 | 구이 | 우동	㉓ 토리 | 나베 새(닭) | 냄비	㉔ 오뎅 어묵탕

・ラーメン
ラーメン

① とんこつラーメン
돈코츠 라멘
750円

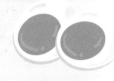

② くろマーユ ラーメン
흑마늘 기름 라멘
750円

③ しょうゆラーメン
간장 라멘
700円

④ みそラーメン
된장 라멘
700円

⑤ からいラーメン
매운 라멘
700円

⑥ つけめん
츠케멘
750円

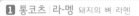

① 통코츠 | 라-멩 돼지의 뼈 | 라멘	**②** 쿠로 | 라-멩 | 검정 | 라멘	**③** 쇼오유 | 라-멩 간장 | 라멘
④ 미소 | 라-멩 된장 | 라멘	**⑤** 카라이 | 라-멩 맵다 | 라멘	**⑥** 츠케 | 멩 묻힘 | 면

わしょくめんるいメニュー

일식 국수 메뉴

そば
메밀국수

7 にくそば
고기 메밀국수

700円

8 てんぷらそば
튀김 메밀국수

650円

9 やきそば
볶음 국수

750円

トッピング
토핑

10 たまご 계란

11 もやし 숙주

12 あおな 푸른 잎 채소

13 のり 김

14 かえだま 면 추가

15 チャーシュー 차슈

---

7 니쿠｜소바 고기｜메밀국수   **8** 템푸라｜소바 튀김｜메밀국수   **9** 야키｜소바 구이｜메밀국수
10 타마고 계란   **11** 모야시 숙주   **12** 아오나 푸른 잎 채소
13 노리 김   **14** 카에다마 면 추가   **15** 챠-슈- 차슈

MENU

Coffee

1 エスプレッソ エス프레소	………………………	¥300
2 アメリカン 아메리카노	………………………	¥400
3 カフェラテ 카페라테	………………………	¥450
4 カフェオレ 카페오레	………………………	¥450
5 カフェモカ 카페모카	………………………	¥450
6 カプチーノ 카푸치노	………………………	¥450
7 バニララテ 바닐라라테	………………………	¥450

Hot Drink

8 ホットチョコレート
핫초코
¥500

9 まっちゃラテ
말차라테
¥500

10 ミントティー
민트티
¥500

11 りょくちゃ
녹차
¥400

12 いちごちゃ
딸기차
¥400

13 はなちゃ
꽃차
¥400

---

1 에스푸렛소 에스프레소   **2 아메리캉** 아메리카노   **3 카훼라테** 카페라테
4 카훼오레 카페오레   **5 카훼모카** 카페모카   **6 카푸치-노** 카푸치노
7 바니라라테 바닐라라테   **8 홀토 | 쵸코레-토** 핫 | 초콜릿   **9 맛챠 | 라테** 말차 | 라테
10 민토 | 티- 민트 | 차   **11 료쿠 | 챠** 녹 | 차   **12 이치고 | 챠** 딸기 | 차
13 하나 | 챠 꽃 | 차

Cold Drink

⑭ バナナシェイク
바나나 셰이크
￥500

⑮ チョコシェイク
초코 셰이크
￥500

⑯ いちごシェイク
딸기 셰이크
￥500

⑰ パルフェ
파르페
￥500

⑱ グレープフルーツジュース 자몽주스　￥550
⑲ オレンジジュース 오렌지 주스　￥550
⑳ トマトジュース 토마토주스　￥550
㉑ やさいジュース 채소 주스　￥550

Sweet Dessert

㉒ いちごケーキ
딸기 케이크
￥2000

㉓ チョコレートケーキ
초코릿 케이크
￥2000

㉔ ブルーベリーパイ
블루베리 파이
￥2000

㉕ パンケーキ
팬케이크
￥1000

㉖ バニラアイスクリーム
바닐라 아이스크림
￥400

㉗ ワッフル
와플
￥500

⑭ 바나나 | 셰에쿠 바나나 | 세이크　⑮ 쵸코 | 셰에쿠 초콜릿 | 세이크　⑯ 이치고 | 셰에쿠 딸기 | 세이크
⑰ 파루훼 파르페　⑱ 구레-후후루-츠 | 쥬-스 자몽 | 주스　⑲ 오렌지 | 쥬-스 오렌지 | 주스
⑳ 토마토 | 쥬-스 토마토 주스　㉑ 야사이 | 쥬-스 채소 | 주스　㉒ 이치고 | 케-키 딸기 | 케이크
㉓ 쵸코레-토 | 케-키 초콜릿 | 케이크　㉔ 부루-베리- | 파이 블루베리 파이　㉕ 팡 | 케-키 팬 케이크
㉖ 바니라 | 아이스크리-무 바닐라 | 아이스크림　㉗ 왓후루 와플

RESTAURANT MENU

MAIN DISHES

1 マルゲリータ 마르게리타		￥1500
2 ポテトピザ 포테이토 피자		￥1500
3 ハワイアンピザ 하와이안 피자		￥1500
4 ナポリタン 나폴리탄		￥1000
5 カルボナーラ 카르보나라		￥1000
6 ハンバーグステーキ 함박스테이크		￥1500
7 バーベキューポークリブ 바비큐 폭립		￥2500

SIDES

8 コーンスープ 옥수수 수프		￥500
9 セサミサラダ 참깨 샐러드		￥700
10 コールスロー 코울슬로		￥700
11 フライドポテト 감자튀김		￥850

---

1 마루게리-타 마르게리타 | **2** 포테토 | 피자 감자 | 피자 | **3** 하와이암 | 피자 하와이안 | 피자
4 나포리탕 나폴리탄 | **5** 카루보나-라 카르보나라 | **6** 함바-구 | 스테-키 햄버그 | 스테이크
7 바-베큐- 포-쿠리부 바비큐 | 폭립 | **8** 코-온 스-푸 옥수수 | 수프 | **9** 세사미 사라다 참깨 | 샐러드
10 코-루스로- 코울슬로 | **11** 후라이도 포테토 튀김 | 감자

DRINKS

⑫ コーラ 콜라 　　　　　　　　　　¥250
⑬ ジンジャーエール 진저에일 　　　　¥300
⑭ フルーツジュース 생과일주스 　　　¥600
⑮ レモネード 레모네이드 　　　　　　¥500
⑯ なまビール 생맥주 　　　　　　　　¥450
⑰ あかワイン 레드와인 　　　　　　　¥3000
⑱ しろワイン 화이트와인 　　　　　　¥3000

DESSERTS

⑲ キウイシャーベット 키위샤베트 　　¥350
⑳ カスタードプリン 커스터드 푸딩 　　¥400
㉑ マカロン 마카롱 　　　　　　　　　¥200
㉒ ティラミス 티라미수 　　　　　　　¥450

⑫ 코-라 콜라　　⑬ 진쟈-에-루 진저에일　　⑭ 후루-츠 | 쥬-스 과일 | 주스
⑮ 레모네-도 레모네이드　　⑯ 나마 | 비-루 생 | 맥주　　⑰ 아카 | 와잉 빨강 | 와인
⑱ 시로 | 와잉 하양 | 와인　　⑲ 키우이 샤-벧토 키위 | 샤베트　　⑳ 카스타-도 | 푸링 커스터드 | 푸딩
㉑ 마카롱 마카롱　　㉒ 티라미스 티라미수

BEEF&PORK
ビーフ＆ポークの合挽きハンバーグ

おすすめ MENU 柚子の香りと生姜の風味をきかせた甘さの和風ソース。

おすすめ MENU 大根おろしとポン酢でさっぱりと。

おろしハンバーグ
150g ¥1,080 (税込)

完熟トマトで作ったソースをたっぷりと。

トマトハンバーグ
150g ¥980 (税込)

わふう
和風ハンバーグ
150g ¥1,080 (税込)

デミハンバーグ 150g ¥980 (税込)

チキンとハンバーグで人気のコンビメニュー。

あさくまグリル（チキン）
あさくまハンバーグ120g
チキ200g
¥1,580 (税込)

両方食べられるボリュームメニュー。

あさくまグリル（トンテキ）
あさくまハンバーグ120g
トンテキ150g
¥1,680 (税込)

ネギをたっぷり、定番の美味しさ。

チキンステーキてり焼き
200g ¥1,030 (税込)

大根おろしとポン酢でさっぱりと。

チキンステーキおろし
200g ¥1,080 (税込)

チーズとトマトでイタリアン。

チキンステーキトマトチーズ
200g ¥1,080 (税込)

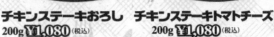

大根おろしとポン酢でさっぱりと。

トンテキマレーナおろし
150g ¥1,180 (税込)

香味豊かな特製ジンジャーソース。

トンテキマレーナジンジャー
150g ¥1,130 (税込)

揚げ茄子とトマトの酸味が相性◎

トンテキマレーナ 茄子トマト
150g ¥1,180 (税込)

なす

※全ての料理画像はイメージです。予告なく変更する場合もございますのでご了承ください

BEEF&PORK
ビーフ＆ポークの合挽きハンバーグ

おすすめ MENU

柚子の香りと生姜の風味をきかせた甘さの和風ソース。

무즙 | 햄버그스테이크
오로시 | 함바-구
150g ¥1,080 (税込)

おすすめ MENU

토마토 | 햄버그스테이크
토마토 | 함바-구
150g ¥980 (税込)

일본식 | 햄버그스테이크
와후우 | 함바-구
150g ¥1,080 (税込)

데미글라스 | 햄버그스테이크
데미 | 함바-구
¥980 (税込)

チキンとハンバーグで人気のコンビメニュー。

아사쿠마 | 구리루
(가게 이름) | 그릴
(치킨)
(치킨)

両方食べられるボリュームメニュー。

아사쿠마 | 구리루
(가게 이름) | 그릴
(톤테키)
(돼지고기 스테이크)

ネギをたっぷり、定番の美味しさ。

치킨 | 스테-키 | 테리야키
치킨 | 스테이크 | 데리야키

大根おろしとポン酢でさっぱりと。

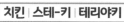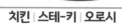

치킨 | 스테-키 | 오로시
치킨 | 스테이크 | 무즙

チーズとトマトでイタリアン。

치킨 | 스테-키 | 토마토 | 치-즈
치킨 | 스테이크 | 토마토 | 치즈

大根おろしとポン酢でさっぱりと。

톤테키 | 마레-나 | 오로시
돼지고기 스테이크 | (의미 없음) | 무즙

香味豊かな特製ジンジャーソース。

톤테키 | 마레-나 | 진쟈-
돼지고기 스테이크 | (의미 없음) | 생강

揚げ茄子とトマトの酸味が相性◎

톤테키 | 마레-나 | 나스 | 토마토
돼지고기 스테이크 | (의미 없음) | 가지 | 토마토

※全ての料理画像はイメージです。予告なく変更する場合もございますのでご了承ください

や 焼きそば

釜揚げたまご麺使用！
かまあ　　めんしよう

チャンポンそば + ぎゅうすじ

ふうげつデラックスやきそば

● なみ/ひとたま
● だい/ふたたま

焼きそばはご注文毎に麺をゆで上げますので少々お時間をいただいております。

ソース やきそば
塩 しおそば

● なみ/ひとたま　　● なみ/ふたたま　　● とくも/みたま

チャンポンそば ミックス
いか・えび・ぶた・ぎゅうにく

ねぎマヨしおそば
いか・えび

すじこんしょうゆやきそば
ぎゅうすじ・こんにゃく

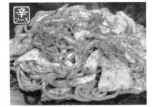

うまからキムチやきそば
いか・ぶた

ねぎごましょうゆやきそば
いか・ぶた

オムそば
いか・ぶた

야키│소바 구이│메밀국수

카마아게│타마고│멘│시오오!
(솥에 삶아내는 것)│달걀│면│사용!

짬뽕 메밀국수   소 힘줄
챵퐁│소바 ✚ **규우│스지**

후우게스│데락쿠스│야키│소바
(가게 이름)│디럭스│구이 메밀국수

● **나미/히토타마**   ● **다이/후타타마**
중간 1덩이(면)   대 2덩이(면)

焼きそばはご注文毎に麺をゆで上げますので少々お時間をいただいております。

ソース **야키│소바** 구이│메밀국수	● **나미/히토타마** 중간 1덩이(면)	● **다이/후타타마** 대 2덩이(면)	● **토쿠모리/미타마** 특대 3덩이(면)
塩 **시오│소바** 소금│메밀국수			

ソース

챵퐁│소바
짬뽕 메밀국수

믹쿠스
믹스

이카 · 에비 · 부타 · 규우니쿠
오징어   새우   돼지고기   소고기

塩

네기│마요│시오│소바
파 마요네즈 소금 메밀국수

이카 · 에비
오징어   새우

醬

＊**스지│콘│쇼오유│야키│소바**
힘줄 곤약 간장 구이 메밀국수

규우 · 스지 · 콘냐쿠
소   힘줄   곤약

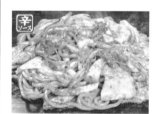

辛 ソース

우마카라│키무치│야키│소바
맛있게 맵다 김치 구이 메밀국수

이카 · 부타
오징어   돼지고기

醬

네기│고마│쇼오유│야키│소바
파 참깨 간장 구이 메밀국수

이카 · 부타
오징어   돼지고기

ソース

오무│소바
오믈렛 메밀국수

이카 · 부타
오징어   돼지고기

＊ 스지콘 : 소 힘줄과 곤약을 매콤달콤하게 졸인 일본 음식.

부탁·요청하기1 ~ください。

1 이것 좀 더 주세요.
これ もっと ください。
코레 / 못토 / 쿠다사이.
이것 / 더 / 주세요.

2 바꿔 주세요.
かえて ください。
카에테 / 쿠다사이.
바꿔 / 주세요.

3 곱빼기로 주세요.
おおもり ください。
오오모리 / 쿠다사이.
곱빼기로 / 주세요.

4 차가운 거로 주세요.
アイスに して ください。
아이스니 / 시테 / 쿠다사이.
아이스에 / 해서 / 주세요.

5 뜨거운 거로 주세요.
ホットに して ください。
홋토니 / 시테 / 쿠다사이.
핫에 / 해서 / 주세요.

6 작은 사이즈로 주세요.

ちいさい サイズで ください。

치이사이 / 사이즈데 / 쿠다사이.
작다 / 사이즈로 / 주세요.

---

7 큰 사이즈로 주세요.

おおきい サイズで ください。

오오키이 / 사이즈데 / 쿠다사이.
크다 / 사이즈로 / 주세요.

---

8 잠깐 기다려 주세요.

ちょっと まって ください。

춋토 / 맏테 / 쿠다사이.
조금 / 기다려 / 주세요.

---

9 생강은 빼주세요.

しょうがは ぬいて ください。

쇼오가와 / 누이테 / 쿠다사이.
생강은 / 빼 / 주세요.

---

10 메뉴 한 번 더 보여 주세요.

メニューもう いっかい みせて ください。

메뉴― / 모오 / 익카이 / 미세테 / 쿠다사이.
메뉴 / 더 / 1회 / 보여 / 주세요.

부탁·요청하기2 ~もらえますか?/おねがいします。

1 한국어 메뉴 받을 수 있을까요?
かんこくごの メニュー もらえますか?
캉코쿠고노 / 메뉴ー / 모라에마스카?
한국어의 / 메뉴 / 받을 수 있습니까?

2 차가운 물 받을 수 있을까요?
つめたい みず もらえますか?
츠메타이 / 미즈 / 모라에마스카?
차갑다 / 물 / 받을 수 있습니까?

3 뜨거운 물 받을 수 있을까요?
あたたかい みず もらえますか?
아타타카이 / 미즈 / 모라에마스카?
따뜻하다 / 물 / 받을 수 있습니까?

4 새 스푼 받을 수 있을까요?
あたらしい スプーン もらえますか?
아타라시이 / 스푸ー움 / 모라에마스카?
새롭다 / 스푼 / 받을 수 있습니까?

5 (그릇 등을) 치워 주시겠어요?
さげて もらえますか?
사게테 / 모라에마스카?
치워 / 받을 수 있습니까?

1 리필해 주세요.

おかわり おねがいします。

오카와리 / 오네가이시마스.
리필 / 부탁합니다.

---

2 조금 맵게 해주세요.

ちょっと からく おねがいします。

쵸토 / 카라쿠 / 오네가이시마스.
조금 / 맵게 / 부탁합니다.

---

3 짜지 않게 해주세요.

しおからく ないように おねがいします。

시오카라쿠 / 나이요오니 / 오네가이시마스.
짜지 / 않도록 / 부탁합니다.

---

4 와사비는 많이 넣어주세요.

わさび いっぱいで おねがいします。

와사비 / 입파이데 / 오네가이시마스.
와사비 / 가득으로 / 부탁합니다.

---

5 다른 자리로 부탁합니다.

ほかの せきに おねがいします。

호카노 / 세키니 / 오네가이시마스.
다른 / 자리에 / 부탁합니다.

1 이것은 무엇인가요?

これは なんですか?

코레와 / 난데스카?

이것은 / 무엇입니까?

2 어느 정도 걸릴까요?

どの くらい かかりますか?

도노 / 쿠라이 / 카카리마스카?

어느 / 정도 / 걸립니까?

3 잔으로도 팔고 있습니까?

はいでも うって いますか?

하이데모 / 웃테 / 이마스카?

잔으로도 / 팔고 / 있습니까?

4 신용카드로 계산할 수 있나요?

クレジットカード できますか?

쿠레짇토카ー도 / 데키마스카?

신용카드 / 할 수 있습니까?

5 따로따로 계산할게요.

べつべつに はらいます。

베츠베츠니 / 하라이마스.

따로따로에 / 냅니다.

ちゅうもん おねがいします。
츄우몬 / 오네가이시마스.
주문 / 부탁합니다.　　　　　　　　　　　　　　여기 주문할게요.

はい、なにに なさいますか?
하이, / 나니니 / 나사이마스카?
네, / 무엇에 / 하시겠습니까?
네, 무엇으로 하시겠어요?

きょうの おすすめは なんですか?
쿄오노 / 오스스메와 / 난데스카?
오늘의 / 추천은 / 무엇입니까?　　　　　　　오늘의 추천 메뉴는 뭔가요?

さばさしみです。
사바사시미데스.
고등어회입니다.
고등어회입니다.

それに します。
소레니 / 시마스.
그것에 / 합니다.　　　　　　　　　　　　　　그걸로 할게요.

おもちかえりますか?
오모치카에리마스카?
가지고 가실 건가요?
가지고 가실 건가요?

ここで たべます。
코코데 / 타베마스.
이곳에서 / 먹습니다.　　　　　　　　　　　여기서 먹을게요.

히라가나, 가타카나 쓰기 연습

스시
라멘 · 면
소바 · 우동
야키토리
돈부리
사케

01

스시
すし

-초밥-

아래 빈칸에 각각의 발음에 맞는 '히라가나'를 써보세요.

초밥
종류

광어
히라메

1

광어 지느러미
엥가와

2

참치
마구로

3

참치 뱃살
오오토로

4

참치 등살
아카미

5

고등어
사바

6

연어
사-몽

7

연어 알
이쿠라

8

성게
우니

9

1 ひらめ **2** えんがわ **3** まぐろ **4** おおとろ **5** あかみ **6** さば **7** さーもん **8** いくら **9** うに

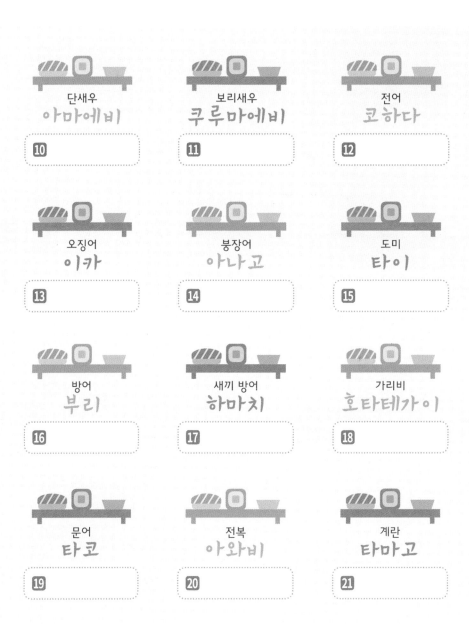

단새우
아마에비

[10]

보리새우
쿠루마에비

[11]

전어
코하다

[12]

오징어
이카

[13]

붕장어
아나고

[14]

도미
타이

[15]

방어
부리

[16]

새끼 방어
하마치

[17]

가리비
호타테가이

[18]

문어
타코

[19]

전복
아와비

[20]

계란
타마고

[21]

[10] あまえび　　[11] くるまえび　　[12] こはだ　　[13] いか　　[14] あなご　　[15] たい

[16] ぶり　　[17] はまち　　[18] ほたてがい　　[19] たこ　　[20] あわび　　[21] たまご

02
라멘·면
ラーメン·めん

－라면 · 면요리－

✏️ 아래 빈칸에 각각의 발음에 맞는 '가타카나'를 써보세요.

양념에 따른 라멘

미소라-멘 **1**

일본의 된장으로 양념한 라멘.

쇼오유라-멘 **2**

일본간장으로 양념한 라멘.

시오라-멘 **3**

소금으로 양념한 라멘.

재료에 따른 라멘

통코츠라-멘 ○ **4**

돼지 뼈로 국물을 우려낸 라멘.

닭 뼈로 국물을 우려낸 라멘.

5 ○

토리라-멘

챠-슈-라-멘 ○ **6**

돼지고기와 중국의 향료로 맛을 낸 라멘.

---

1 ミソラーメン
2 ショウユラーメン
3 シオラーメン
4 トンコツラーメン
5 トリラーメン
6 チャーシューラーメン

면 요리들

나가사키 참퐁 ○ 1

나가사키라는 항구도시에서 만들어졌다. 각종 채소와 해물, 돼지고기를 한데 섞어 볶아서
돼지 뼈를 우려낸 육수를 부어 만든다.

2 ○ 탄탐멩

여러 종류의 베이스를 우려낸 국물에 고추기름이 섞여 있어서 고소하면서 적당히 맵다.
(수프의 종류는 가게마다 다르다.)

히야시츄우카 ○ 3

여름에 즐겨 먹는 차가운 면 요리. 간장으로 맛을 낸 차가운 닭 육수를 중화 면에 붓고,
그 위에 각종 토핑을 올리고 새콤달콤한 소스와 겨자를 뿌려서 섞어 먹는 요리.

4 ○ 츠케멩

つける는 묻힌다는 뜻이다. 면을 국물에 묻혀서(찍어서) 먹는 라멘이다. 굵고 쫄깃한 면을
사용해 씹는 맛을 즐길 수 있다.

1 ナガサキチャンポン   2 タンタンメン
3 ヒヤシチュウカ   4 ツケメン

03

소바·우동
そば・うどん

-메밀국수 · 우동-

소바 종류

요즘에는 한국에서도 일본 음식을 접할 기회가 많아졌다. 특히 다음과 같은 소바, 우동 종류의 음식 등은 한국 사람 입맛에도 잘 맞기 때문에 부담 없이 도전하기 좋다.

✎ 아래 빈칸에 각각의 발음에 맞는 '히라가나'를 써보세요.

가장 기본적으로 알고 있는 소바

 모리소바

| 1 |

차게 식힌 면을 쯔유(간장 국물)에 찍어 먹는 소바.

 자루소바

| 2 |

모리소바에 자른 김이 얹어져 있는 소바.

 츠키미소바

| 3 |

날달걀을 넣어 함께 먹는 소바.

 키츠네소바

| 4 |

큰 유부가 얹어진 소바.

 카키아게소바

| 5 |

여러 종류의 튀김(てんぷら)이 얹어진 소바.

 텐자루소바

| 6 |

자루소바에 각종 모둠 튀김이 곁들여져 나오는 소바.

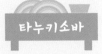 타누키소바

| 7 |

튀김 부스러기(てんかつ)와 파를 넣은 담백한 소바.

1 もりそば　　2 ざるそば　　3 つきみそば　　4 きつねそば　　5 かきあげそば
6 てんざるそば　　7 たぬきそば

우동 종류

카케우동

1
국물만으로 맛을 낸 가장 기본적인
우동으로 파가 추가 되기도 한다.

템푸라우동

2
우동에 튀김이 얹어진 우동.

타누키우동
3
튀김 부스러기를 얹어낸 우동.

카레-우동
4
일본식 카레에 우동 면이 들어간다.

카마아게우동
5
면을 따로 나온 국물에 담가 먹는 우동.

키츠네우동
6
달콤한 유부를 얹은 우동.

자루우동
7
쯔유로 만든 국물에 차게 만든
우동 면을 담가 먹는다.

카마타마우동
8
뜨거운 우동 면에 쯔유와 날달걀,
튀김 옷 등을 비벼 먹는 우동.

1 かけうどん　2 てんぷらうどん　3 たぬきうどん　4 かれーうどん　5 かまあげうどん
6 きつねうどん　7 ざるうどん　8 かまたまうどん

04 야키토리
やきとり
―꼬치 요리―

일본 샐러리맨들은 퇴근길에 꼬치 요리점에 들러 꼬치구이를 안주 삼아 맥주나 정종으로 가볍게 한잔하고 집으로 돌아가기도 한다. 꼬치 요리는 종류가 많고 다양하지만, 관광객들에게 알려진 곳이 아니면 한국어나 영어로 된 메뉴가 준비되어 있지 않기 때문에 일본어를 모르면 주문하기 어려울 수 있다. 하지만 다음을 참고하면 꼬치 요리를 맘껏 즐길 수 있을 것이다.

✎ 아래 빈칸에 각각의 발음에 맞는 '가타카나'를 써보세요.

꼬치 종류

닭 껍데기
토리카와
[1]

닭 날개
테바사키
[2]

닭고기 경단
츠쿠네
[3]

닭똥집
스나기모
[4]

닭 살코기
토리미
[5]

닭 염통
코코로
[6]

닭 간
키모
[7]

돼지고기 안심
바라
[8]

소 혀
규우탕
[9]

[1] トリカワ [2] テバサキ [3] ツクネ [4] スナギモ [5] トリミ [6] ココロ [7] キモ [8] バラ [9] ギュウタン

소갈비
규우카루비
10

열빙어
시샤모
11

조개관자
카이바시라
12

새우
에비
13

메추리 알 베이컨
우즈라베-콩
14

오징어
이카
15

오징어 다리
게소
16

가리비
호타테가이
17

표고버섯
시이타케
18

만가닥 버섯 말이
시메지마키
19

연골
낭코츠
20

팽이버섯 말이
에노키마키
21

마늘
닌니쿠
22

양파
타마네기
23

참마 말이
야마이모마키
24

은행
긴낭
25

푸른 차조기 말이
아오지소마키
26

피망
피-망
27

고기와 피망
니쿠피-망
28

대파
네기
29

10 ギュウカルビ 11 シシャモ 12 カイバシラ 13 エビ 14 ウズラベーコン 15 イカ 16 ゲソ
17 ホタテガイ 18 シイタケ 19 シメジマキ 20 ナンコツ 21 エノキマキ 22 ニンニク 23 タマネギ
24 ヤマイモマキ 25 ギンナン 26 アオジソマキ 27 ピーマン 28 ニクピーマン 29 ネギ

05
돈부리
どんぶり

－덮밥－

✏️ 아래 빈칸에 각각의 발음에 맞는 '히라가나'를 써보세요.

밥 위에 다양한 재료를 올려 먹는 덮밥 요리가 발달한 일본에서는 덮밥 요리를 통틀어 '돈부리'라 부르며, 올라가는 주재료에 따라 '〜동'이라고 부른다. 앞서 소개한 소바나 우동처럼, 돈부리 또한 한국 사람의 입맛에도 잘 맞는 음식 중 하나다.

돈부리 종류

돈가스 덮밥

카츠동

1️⃣

소고기덮밥

규우동

2️⃣

닭고기와 계란덮밥

오야코동

3️⃣

돼지고기 덮밥

부타동

4️⃣

장어 덮밥

우나기동

5️⃣

1️⃣ かつどん　　2️⃣ ぎゅうどん　　3️⃣ おやこどん　　4️⃣ ぶたどん　　5️⃣ うなぎどん

새우튀김 덮밥

에비동

6

튀김 덮밥

텐동

7

성게 덮밥

우니동

8

연어알 덮밥

이쿠라동

9

햄버그 스테이크 덮밥

로코모코동

10

해산물 덮밥

카이센동

11

참치회 덮밥

마구로동

12

6 えびどん　　7 てんどん　　8 うにどん
9 いくらどん　10 ろこもこどん　11 かいせんどん
12 まぐろどん

06
기타
そのほか

—기타—

✏️ 아래 빈칸에 각각의 발음에 맞는 '가타카나'를 써보세요.

구이 종류

야키니쿠 — ① 일본식 불고기 화로구이.

규우카츠 — ② 소고기로 만든 돈가스.

밥 종류

카레-라이스 — ③ 카레라이스.

④ 데미글라스 소스 베이스의 덮밥. — **하야시라이스**

오무라이스 — ⑤ 오므라이스.

① ヤキニク　　② ギュウカツ　　③ カレーライス　　④ ハヤシライス　　⑤ オムライス

전골 종류

1 국물에 고기, 채소 등을
데쳐 먹는 전골.

2 소고기와 갖가지 채소를 간장으로
양념한 국물에 졸여 먹는 전골.

3 채소와 해산물을 듬뿍 넣은
모둠 전골.

4 큰 전골에 해산물, 고기, 채소 등을
넣고 끓여 먹는 전골.

5 소의 곱창과 채소를
듬뿍 넣은 전골.

6 오리고기와 채소를
듬뿍 넣은 전골.

코나몬 종류

타코야키나 오코노미야키 등 밀가루를 이용해 만드는 음식류 혹은 그런 문화를 '코나몽(コナモン)'이라고 한다.

7 밀가루 반죽에 고기와 채소 등을
넣어 철판에 굽는 일본식 빈대떡.

8 밀가루 반죽에 문어를 넣고
둥글게 구워낸 요리.

9 중화 면에 채소, 고기 등을
넣고 볶은 요리.

1 シャブシャブ **2** スキヤキ **3** ヨセナベ **4** チャンコナベ **5** モツナベ **6** カモナベ
7 オコノミヤキ **8** タコヤキ **9** ヤキソバ

07
사케
さけ

—술—

✎ 아래 빈칸에 각각의 발음에 맞는 '히라가나'를 써보세요.

쌀로 빚은 일본식 청주인 사케(さけ)는 일본주(にほんしゅ)라고도 불린다. 사케는 순수 쌀과 누룩만으로 만들어 깔끔한 맛이 특징이며, 쌀에 따라, 양조장에 따라, 지역에 따라 다양한 맛의 사케들이 존재하기 때문에 그 종류가 엄청나게 많다. 사케는 쌀을 얼마나 깎았느냐에 따라 그 등급이 정해지는데, 쌀을 깎고 남은 비율인 정미율이 낮을수록 사케의 품질이 좋다.

사케 종류

후츠으슈

☐1

대중적인 일반 사케.
특별한 정미율이나 주조법이 없다.

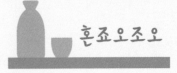

혼죠오조오

☐2

정미율 70% 이하,
가장 대표적인 사케.

긴죠오

☐3

정미율 60% 이하, 과일 향과
부드러운 맛의 프리미엄급 사케.

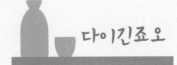

다이긴죠오

☐4

정미율 50% 이하,
양조 알코올이 들어간 완성도 높은 술.

☐1 ふつうしゅ   ☐2 ほんじょうぞう   ☐3 ぎんじょう   ☐4 だいぎんじょう

소주(しょうちゅう)는 고구마, 밀, 수수, 보리 등으로 증류한 도수가 높은 술이다. 일본에서 소주는 주로 다른 것과 섞어서 희석해 마신다. 이렇게 소주에 물이나 차, 과일 맛이 나는 탄산수를 섞어 마시는 술은 '～와리(わり)' 또는 '～하이'로 끝난다. '～사와'로 끝나는 술은 증류주에 신맛이 있는 주스 종류와 설탕 등을 배합해서 만든 칵테일이며. 하이볼은 위스키와 소다를 섞은 것이다. 이외에도 스프리츠나 리큐어를 탄산음료나 주스 같은 무알코올 음료와 섞은 것도 하이볼이라고 부른다.

칵테일 종류

뜨거운 물+소주
오유와리
1

우롱차+얼음+소주
우-롱와리
2

녹차+얼음+소주
료쿠챠와리
3

위스키+탄산수
하이보-루
4

복숭아 맛 탄산수+위스키
피-치하이
5

레몬 맛 탄산수+위스키
레몬하이
6

매실즙+증류주
우메사와-
7

일본 천연 사이다+증류주
라무네사와-
8

1 おゆわり   **2** うーろんわり   **3** りょくちゃわり   **4** はいぼーる
5 ぴーちはい   **6** れもんはい   **7** うめさわー   **8** らむねさわー

히라가나,
가타카나
단어 외우기

마실 것 · 먹을 것
과일
식기 · 양념
식사 · 식재료
조리 · 디저트

다음은 '마실 것'에 관련된 단어들입니다. 각 단어에 알맞은 발음을 써보며 외워보세요.

물
미즈
みず

차
챠
ちゃ

주스
쥬-스
ジュース

우유
규우뉴우
ぎゅうにゅう

핫쵸코
홋토쵸코
ホットチョコ

콜라
코-라
コーラ

얼음
코오리
こおり

술
사케
さけ

레드 와인
아카와잉
あかわいん

화이트 와인
시로와잉
しろわいん

생맥주
나마비-루
なまびーる

병맥주
빔비-루
びんびーる

96

위스키

우이스키-

ウイスキー

보드카

웍카

ウォッカ

테킬라

테키-라

テキーラ

칵테일

카쿠테루

カクテル

카페

카훼

カフェ

에스프레소

에스푸렛소

エスプレッソ

아메리카노

아메리카-노

アメリカーノ

카페라테

카훼라테

カフェラテ

바닐라라테

바니라라테

バニララテ

카페모카

카훼모카

カフェモカ

카푸치노

카푸치-노

カプチーノ

스몰 사이즈

스모-루
사이즈

スモールサイズ

미디엄 사이즈
미디아무 사이즈
ミディアムサイズ

톨 사이즈
토-루 사이즈
トールサイズ

더블 샷
다부루 숏토
ダブルショット

시럽
시롭푸
シロップ

휘핑크림
호입푸쿠리-무
ホイップクリーム

시나몬 파우더
시나몸파우다-
シナモンパウダー

패스트푸드
화-스토후-도
ファーストフード

햄버거
함바-가-
ハンバーガー

감자튀김
후라이도포테토
フライドポテト

토스트
토-스토
トースト

샌드위치
산도잇치
サンドイッチ

피자
피자
ピザ

파스타
파스타
パスタ

수프
스-푸
スープ

샐러드
사라다
サラダ

스테이크
스테-키
ステーキ

국수
멩
めん

과일
쿠다모노
くだもの

사과
링고
リンゴ

바나나
바나나
バナナ

오렌지
오렌지
オレンジ

파인애플
파이납푸루
パイナップル

멜론
메롱
メロン

수박
스이카
スイカ

딸기	포도	복숭아
이치고	부도오	모모
いちご	ぶどう	もも

망고	감	배
망고	카키	나시
マンゴ	かき	ナシ

귤	매실	유자
미캉	우메	유즈
ミカン	うめ	ゆず

자몽	키위	코코넛
구레-푸후루-츠	키우이	코코나츠
グレープフルーツ	キウイ	ココナツ

리치

라이치-

ライチー

두리안

도리앙

ドリアン

망고스틴

망고스칭

マンゴスチン

파파야

파파이아

パパイア

아보카도

아보카도

アボカド

체리

체리-

チェリー

레몬

레몽

レモン

포크

풔-쿠

フォーク

칼

나이후

ナイフ

숟가락

스푸-웅

スプーン

젓가락

하시

はし

컵

콥푸

コップ

접시

사라

さら

병

빙

びん

소스

소-스

ソース

소금

시오

しお

설탕

사토오

さとう

후추

코쇼오

こしょう

마요네즈

마요네-즈

マヨネーズ

간장

쇼오유

しょうゆ

식초

스

す

**머스타드
소스**

마스타-도
소-스

マスタードソース

칠리소스

치리소-스

チリソース

고추기름

라-유

ラーユ

된장	케챱	깨소스
미소 みそ	케챱푸 ケチャップ	고마다레 ゴマダレ

굴소스	바비큐 소스	데리야키 소스
오이스타-소-스 オイスターソース	바-베큐-소-스 バーベキューソース	테리야키소-스 テリヤキソース

타르타르 소스	아침 식사	점심 식사
타루타루소-스 タルタルソース	아사고항 あさごはん	히루고항 ひるごはん

저녁 식사	음식	주문
유우쇼쿠 ゆうしょく	타베모노 たべもの	츄우몽 ちゅうもん

냅킨	화장지	식사
나푸킹	팃슈페-파-	쇼쿠지
ナプキン	ティッシュペーパー	しょくじ

간식	배달	빵
칸쇼쿠	하이타츠	팡
かんしょく	はいたつ	パン

쌀	계란	고기
코메	타마고	니쿠
こめ	たまご	にく

돼지고기	닭고기	소고기
부타니쿠	토리니쿠	규우니쿠
ぶたにく	とりにく	ぎゅうにく

카모니쿠 오리고기	**요오니쿠** 양고기	**사카나** 생선
かもにく	ようにく	さかな
야사이 채소	**쟈가이모** 감자	**사츠마이모** 고구마
やさい	ジャガイモ	サツマイモ
닌징 당근	**토마토** 토마토	**타마네기** 양파
にんじん	トマト	たまねぎ
닌니쿠 마늘	**키노코** 버섯	**마메** 콩
ニンニク	キノコ	まめ

견과류
낫츠
ナッツ

치즈
치-즈
チーズ

벌꿀
하치미츠
はちみつ

볶음
이타메
いため

튀김
아게
あげ

구이
야키
やき

데침
유데
ゆで

무침
아에
あえ

조림
니츠케
につけ

찜
니코미
にこみ

절임
츠케모노
つけもの

디저트
데자-토
デザート

과자 **오카시** おかし	사탕 **캰디** キャンディ	초콜릿 **쵸코레-토** チョコレート
아이스크림 **아이스쿠리-무** アイスクリーム	푸딩 **푸딩구** プディング	와플 **왓후루** ワッフル
마카롱 **마카롱** マカロン	브라우니 **부라우니-** ブラウニー	냄새 **니오이** におい
악취 **악슈우** あくしゅう	향기 **카오리** かおり	맛 **아지** あじ

107

レッスン **⑤**

골목식당 메뉴판 읽기

ランチタイム限定 _{げんてい}

ろくじゅっぷんせい 60分制 食べ放題！
ほうだい

お1人様 **1,000円** （税込 1,080円）
ひとりさま ぜいこみ

焼肉（牛）
やきにく（ぎゅう）

中落ちカルビ
なかお

リブロース

売切御免 切り落とし牛ハラミ
きお ぎゅう

肩肉
かたにく

焼肉（豚）
ぶた

売切御免 切り落とし豚トロ
きお トン

焼肉（鶏）
とり

鶏ハラミ　鶏むね　鶏もも　鶏ささみ
とり　　　とり　　　とり　　　とり

ご注意
ちゅうい

焼肉盛り合わせ

食べ放題ご注文時
まずは焼肉盛り合わせを提供いたします
こちらを完食後にお好きなメニューを
ご注文いただけます

その他
ほか

ご飯、スープ、一品
はん　　　　いっぴん

◇一品の内容は日替わりとなります
◇ご飯、スープ、一品はセルフサービスとなります

정답!

란치 | 타이무 | 겐테에
런치　　　타임　　　한정

로쿠즙푼 | 세에
60분　　제

타베 | 호오다이
먹기　　마음껏

오히토리사마
한 분 **1,000円** (제에코미 **1,080円**)
세금 포함

야키니쿠(규우)
불고기　소

나카오치카루비
등갈비

리부로-스
소 등심살

売切御免 **키리오토시 | 규우 | 하라미**
자투리 | 소 | 안창살

카타 | 니쿠
어깨 | 고기

야키니쿠(부타)
불고기　돼지

売切御免 **키리오토시 | 톤토로**
자투리 | 돼지 목살

야키니쿠(토리)
불고기　새

토리하라미 닭 안창살　**토리무네** 닭 가슴살　**토리모모** 닭다리　**토리사사미** 닭 가슴살의 연한 부분

주의
고츄우이

食べ放題ご注文時
まずは焼肉盛り合わせを提供いたします
こちらを完食後にお好きなメニューを
ご注文いただけます

焼肉盛り合わせ

소노 | 호카
그 | 다른 것

고향, 스-푸, 입핑
밥　수프　일품

※一品の内容は日替わりとなります
※ご飯、スープ、一品はセルフサービスとなります

ゆうがた 夕方15時から

がんぱち 元八
ちょい飲みの メニュー

ランチわりびき
12じから2じまで

なま 生ビール
ちゅう中ジョッキ
371円(+税)

アルコール メニュー

なま 生中ジョッキ	371円(+税)	おすすめ レモンハイ	焼酎 しょうちゅう
生小ジョッキ	278円(+税)	ウーロンハイ	・加江田 かえだ 325円(+税)
びんビール	371円(+税)	カルピスハイ	・風の梟 かぜのふくろう25円(+税)
おすすめ ハイボール	325円(+税)	各325円(+税)	焼酎ボトルキープできます! 2,130円(+税) しょうちゅう

おつまみ メニュー

がんぱち ぎょうざ
元八餃子
5個 167円(+税)

に どて煮
297円(+税)
店長おすすめ! てんちょう

さんしゅ おつまみ3種盛り
269円(+税)も

ねぎチャーシュー
269円(+税)

えだ 枝まめ
93円(+税)

フライドポテト
204円(+税)

はるまき 春巻
1本 93円(+税)

あ ぎょうざ 揚げ餃子
5個 167円(+税)

とり からあ 鶏の唐揚げ
3個 186円(+税)

あまから 甘辛唐揚げ
3個 2からあ(+税)

〆はやっぱり、らーめん!

* 도테니 : 소 힘줄을 된장, 미림 등으로 찐 요리.

こだわり 鉄板焼!一品!

てっぱん やき いっぴん

玉子 鉄板
たまご

豚ぺい焼 ¥380
とん モッチーズ玉子焼 ¥380
すじコンにら玉 たま ¥380

牛鉄板
ぎゅう

ホルモン味噌焼 みそ 80
牛ハラミ スタミナ焼 ¥680
牛タンステーキ ¥680

鶏鉄板
とり

ずり焼 ¥380
かわ焼 ¥380
鶏もも鉄板焼 ¥380
せせり焼 ¥480

特撰
とくせん

馬刺し ¥680
ばさ さくらユッケ ¥680

鉄板逸品
いっぴん

いかのゲソ鉄板焼 ¥380
山芋とろろ鉄板焼 やまいも
豚バラキムチ炒め ぶた ¥480

野菜鉄板
やさい

とまとチーズ焼 ¥380
アボカドチーズ ¥380
にんにく野菜炒め ¥380
長芋鉄板焼 ながいも ¥480

名物
めいぶつ

牛すじ煮込み ¥380 にこ
黒豚ひとくち くろぶた 餃子 ¥380 ぎょうざ

おつまみ

えだまめ ¥180
オニオンスライス ¥180
キムチ ¥180
明石だこのたこわさび あかし ¥180
壺Q つぼ ¥280
にがり豆腐 冷奴 とうふ ひややっこ
なすの浅漬け あさづ ¥280

サラダ

明太子ポテトサラダ めんたいこ ¥280
パクチーサラダ ¥380
シーザーサラダ ¥380

〆の一品

ぼっかけガーリック
チャーハン ¥580
そばめし ¥580
ご飯セット はん ¥200

デザート

バニラアイス ¥120
フローズン
レモンバニラ ¥180

※表示価格は税別です。　※お米は国産米を使用しています。

코다와리 고집
텝팡 철판 야키! 구이! 입핑! 일품!

타마고 | 텝팡 달걀 | 철판

톰페에야키 돈페이야키 ¥380
못치-즈 | 타마고야키 (일본 치즈 종류) | 달걀 프라이
스지 | 콘 | 니라 | 타마 힘줄 | 곤약 | 부추 | 달걀 ¥380

큐우 | 텝팡 소 | 철판
호르몬 | 미소 | 야키 480
내장 | 된장 | 구이
규우 | 하라미 | 스타미나 | 야키 680
소 | 안창살 | 스태미나 | 구이
규우 | 탄 | 스테-키 소 | 혀 | 스테이크 ¥680

토리 | 텝팡 새 | 철판
즈리 | 야키 ¥380
모래주머니 | 구이
토리모모 | 텝핑 | 야키 ¥380
닭다리 | 철판 | 야키
세세리 | 야키 목살 | 구이 ¥480

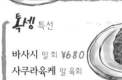

특셍 특선
바사시 말 회 ¥680
사쿠라육케 말 육회

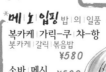

사라다 샐러드
멘타이코 | 포테토 | 사라다
명란젓 | 감자 | 샐러드
파쿠치 | 사라다 고수 | 샐러드
시-자-사라다 시저 샐러드

女性に人気

텝팡 | 입핑 철판 | 일품
이카 | 노 | 게소 | 텝팡 | 야키
오징어 | 의 | 다리 | 철판 | 구이
¥380
야마이모 | 토로로 | 텝팡 야키
마 (마를 간 것) | 철판 | 구이
부타바라 | 키무치 | 이타메
삼겹살 | 김치 | 볶음 ¥480

야사이 | 텝팡 채소 | 철판
토마토 | 치-즈 | 야키 ¥380
토마토 | 치즈 | 구이
아보카도 | 치-즈
아보카도 | 치즈 ¥380
닌니쿠 | 야사이 | 이타메
마늘 | 채소 | 볶음 ¥380
나가이모 | 텝팡 | 야키 ¥480
참마 | 철판 | 구이

메에부츠 명물
규우 | 스지 | 니코미
소 | 힘줄 | 찜
¥380
쿠로부타 | 히토쿠치 | 교오자
흑돼지 | 한입 | 교자 ¥380

오츠마미 가벼운 안주
에다마메 풋콩 ¥180
오니온 | 스라이스 어니언 | 슬라이스
키무치 김치 ¥180
아카시다코 | 노 | 타코 | 와사비 왜문어 | 의 | 문어 | 와사비
츠보 | 큐* 항아리 | 오이 ¥280
니가리 | 토오후 | 히야약코 간수 | 두부 | (일본식 냉두부)
나스 | 노 | 아사즈케 가지 | 의 | 채소절임

메 | 쇼 | 입핑 밥 | 의 | 일품
복카케 | 가릭-쿠 | 샤-항
봇카케 | 갈릭 | 볶음밥
¥580
소바 | 메시
메밀국수 | 밥 ¥580
고한 | 셋토 밥 | 세트
¥200

데자-토 디저트
바니라 | 아이스
바닐라 | 아이스크림
후로-즌 | 레몬 | 바니라
냉동 | 레몬 | 바닐라

---

* 돈페이야키 : 돼지고기를 넣은 계란말이. 일본 음식 중 하나. / * 메 : '밥'이라는 뜻의 '메시(メシ)'의 줄임말.
* 큐 : 일본어로 오이는 '큐우리'입니다. 발음이 비슷한 알파벳 'Q'로 줄여 표기한 일종의 말장난입니다.

도전! 실제 메뉴판 읽기

| | ソフトドリンク |
| | アルコール |

飲み放題　120分　ラストオーダー 90分　きゅうじゅっぷん
ひゃくにじゅっぷん

| アルコール 飲み放題 | 約70種 やく ななじゅうしゅ | お1人様 1,500円 ひとりさま | ソフトドリンク 飲み放題 | 15種 じゅうごしゅ | お1人様 390円 ひとりさま |

Whisky ウィスキー

乾杯! かんぱい
ハイボールのコツは
クリアなこと。

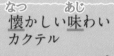
NIKKA WHISKY
BLACK
Clear
ブラックニッカ クリア

- ハイボール　500円
- ゆずハイボール　500円
- 桃ハイボール　500円　もも
- 梅ハイボール　500円　うめ
- グレープフルーツハイボール 500円

- ブラックニッカクリア　500円

懐かしい味わい カクテル
なつ　あじ

- カンパリソーダ　480円
- カンパリオレンジ 480円
- カンパリりんご　480円

Beer ビール

- アサヒ スーパードライ　490円

Sour サワー

レモンサワー
- 生搾りレモンサワー　480円　なましぼ
- カルピスレモンサワー　480円
- パクチーレモンサワー　480円
- レモンサワー　380円

- チュウハイ　350円
- カルピスサワー　380円
- ゆずサワー　380円
- りんごサワー　380円
- みかんサワー　380円
- グレープフルーツサワー　380円
- 白桃サワー　380円　はくとう

116

정해진 시간 동안 먹거나 마시는 것을 무한리필할 수 있는 것

| 노미 호오다이 | 햐쿠니즙풍 | 라스토 | 오-다- | 큐우즙풍 | 🍺 소후토도링쿠 |
| 마시기 마음껏 | 120분 | 마지막 | 주문 | 90분 | 🍷 아루코-루 |

아루코-루		야쿠나나쥬우슈	소후토도링쿠		쥬우고슈
알코올		약 70종	소프트드링크		15종
노미 호오다이	오히토리사마	**1,500**円	노미 호오다이	오히토리사마	**390**円
마시기 마음껏	한 분		마시기 마음껏	한 분	

Whisky 우이스키-

캄파이! 건배!

NIKKA WHISKY
BLACK
Clear
ブラックニッカ クリア

🍺 하이보-루 하이볼 **500**円
🍷 유즈｜하이보-루 유자｜하이볼
🍷 모모｜하이보-루 복숭아｜하이볼
🍷 우메｜하이보-루 매실｜하이볼
🍷 구레-푸후루-츠｜하이보-루 자몽｜하이볼

🍷 부라쿠｜닛카｜쿠리아 **500**円
블랙 (브랜드명) 클리어

Sour 사와-

레몬｜사와-｜레몬｜사와

🍷 나마시보리｜레몬｜사와- **480**円
생 착즙 레몬 사와
🍷 카루피스｜레몬｜사와- **480**円
칼피스 레몬 사와
🍷 파쿠치-｜레몬｜사와- **480**円
고수 레몬 사와
🍷 레몬｜사와- **380**円
레몬 사와

나츠카시이｜아지와이｜
카쿠테루 그립다｜맛｜칵테일

🍷 캄파리｜소-다 **480**円
캄파리 소다
🍷 캄파리｜오렌지 캄파리｜오렌지
🍷 캄파리｜링고 캄파리｜사과

Beer 비-루

🍺 아사히｜스-파-｜도라이 **490**円
(브랜드명) 수퍼 드라이

🍷 츄우하이 츄하이 **350**円
🍷 카루피스｜사와- 칼피스｜사와 **380**円
🍷 유즈｜사와- 유자｜사와 **380**円
🍷 링고｜사와- 사과｜사와 **380**円
🍷 미칸｜사와- 귤｜사와 **380**円
🍷 구레-푸후루-츠｜사와- 자몽｜사와 **380**円
🍷 하쿠토오｜사와- 백도｜사와 **380**円

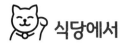 식당에서

1. 현금 위주로 준비하기

뜻밖에 카드 계산이 되지 않는 가게들이 많다. 그래서 신용카드는 비상용으로 사용하고, 현금을 넉넉히 들고 다니는 것이 좋다. 카드로 계산하고 싶으면, 먼저 카드를 받는지 물어봐야 한다.

2. 동전 지갑 준비하기

일본은 동전 하나도 값어치가 꽤 큰 편이다. 동전으로 결제하기도 하고 잔돈을 대부분 동전으로 주기 때문에 동전 지갑을 준비해 가는 것이 좋다.

3. 반찬은 추가금액 내기

식사에 기본적으로 반찬이 포함되어있는 우리나라와 다르게, 일본에서는 반찬을 추가해야 하며, 물론 추가금액이 발생한다.

4. 밥공기는 왼손, 젓가락은 오른손 쓰기

일본에서는 밥그릇을 손에 들고 젓가락으로 마시는 것처럼 식사한다. 이때 주의할 점은 밥공기는 왼손에, 젓가락은 오른손에 두고 먹어야 한다는 점이다. 식사 시 함께 제공되어 나오는 국은 숟가락을 쓰지 않고 마시는 것이 일반적이다.

5. 카페의 전기는 쓰지 않기

우리나라에서는 카페나 식당에서 휴대폰 충전을 하는 것이 흔한 경우인데, 일본에서는 그렇지 않다. 가게의 전기는 그 가게의 재산이라는 인식이 있기에 기본적으로는 사용 금지라고 보면 된다. 정말 급한 경우에는 점원에게 도움을 청할 수도 있겠지만, 기왕이면 보조배터리를 챙기는 편이 마음 편히 여행하기에 좋을 것이다.

6. 돈은 바구니에 올려놓기

은행에서 사용하는 바구니가 가게 계산대에 놓여있는 것을 보았다면, 돈은 종업원의 손에 건네지 말고, 바구니 위에 올려두면 된다. 이는 받은 돈과 거스름돈을 정확하게 손님에게 보여주기 위함이라고 한다. 카드도 그냥 바구니에 두면 된다.

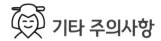 **기타 주의사항**

1. 택시는 가능한 한 피하기

　　일본의 택시비가 비싸다는 건 이미 널리 알려진 사실이다. 최근 도쿄 지역의 택시 기본요금이 대폭 내려 410엔까지 떨어졌다. 그러나 거리에 따라 추가되는 금액은 올랐기 때문에, 중거리의 경우 사실상 요금이 더 오른 셈이다. 따라서 정말 급한 상황이 아니면, 택시를 이용하지 않는 편이 좋겠다.

2. 대중교통 이용 시 전화하지 않기

　　대부분의 일본 사람들은 타인에게 폐 끼치는 것을 좋아하지 않는다. 그 때문에 지하철이나 버스 안에서는 전화 통화도 하지 않을뿐더러 일행끼리 대화도 작은 목소리로 하는 편이다.

3. 좌측통행하기

　　우리나라와 달리 일본은 왼쪽으로 다닌다. 특히 에스컬레이터를 탈 때, 우리나라는 두 줄 서기를 하지만, 일본의 경우 한 줄로만 서고 오른쪽은 비워 둬야 한다.

4. 길에서는 금연하기

　　일본이 흡연자의 천국이라고 불리긴 하지만 길거리 흡연은 엄연히 불법이다. 흡연은 꼭 지정된 장소에서만 해야 한다는 것을 잊지 말아야 한다.

5. 온천은 맨몸으로 들어가기

　　일본의 입욕 공간에는 맨몸만이 허용된다. 몸을 가리는 용도로 사용할 작은 수건 정도는 반입할 수 있지만, 개인이 사용하던 수건을 탕 안에 담가서는 안 된다. 자칫 비위생적인 행위로 여겨질 수 있기 때문이다.

6. 돼지코 준비하기

　　일본에서는 110v에 11자 형 콘센트를 사용하기 때문에, 돼지코 어댑터를 준비하는 것이 좋다.